LES

RÉUNIONS ÉLECTORALES A PARIS

MAI 1869

Paris. — Imprimerie Dubuisson et Ce, rue Coq-Héron, 5.

LES

RÉUNIONS ÉLECTORALES

A PARIS

— MAI 1869 —

PAR AUGUSTE VITU

PARIS

E. DENTU, LIBRAIRE-ÉDITEUR

Palais-Royal, 17-19, Galerie d'Orléans

—

1869

LES

RÉUNIONS ÉLECTORALES A PARIS

MAI 1869

L'Empereur et les Chambres, en accordant le droit de réunion, ont ouvert la plus intéressante et la plus nécessaire des enquêtes.

Dans les réunions tenues à Paris, du mois d'octobre 1868 au mois d'avril 1869, sont venues s'exposer au grand jour, sans nul déguisement, les doctrines du socialisme révolutionnaire et de la démagogie communiste.

La France entière a lu avec un indicible étonnement le recueil de ces doctrines tel que je le plaçais sous ses yeux.

Les réunions publiques de Paris n'étaient que la préface des élections générales. Mon travail appelait donc un complément nécessaire.

Les réunions électorales continuent, en effet, les réunions publiques, mais avec la différence de la doctrine à l'application. Les orateurs des clubs déduisaient des théories et combinaient des systèmes ; les orateurs des réunions électorales proposent des résolutions et des actes.

Cette différence d'attitude et de portée commandait un mode différent de reproduction. Pour faire connaître avec exactitude et précision l'esprit des clubs, c'était assez que de choisir dans les discours de leurs orateurs une série de pensées et de maximes. Pour graver dans l'esprit des lecteurs l'aspect fidèle des réunions électorales, j'ai dû procéder par citations intégrales d'une certaine étendue; pour quelques séances même, je me suis procuré ou j'ai reproduit des comptes rendus complets. Je crois que je ne pouvais mieux faire en présence de plusieurs centaines de séances, dont les procès-verbaux réunis empliraient des milliers de pages.

Loin de moi l'idée d'anticiper sur les impressions du lecteur et de prévenir son jugement. Je ne puis, cependant, m'empêcher de constater à quel point l'événement a justifié les prévisions que j'exprimais dans la préface des *Réunions publiques*, alors que j'exhortais la nation « à ne pas s'endormir dans une sécurité trompeuse, à se » montrer attentive et vigilante, à opposer, par tous les » moyens moraux, par un sage emploi de ses forces dé- » fensives, une digue puissante à la propagande du mal. »

Dans la période des réunions électorales, les agitateurs ont passé du domaine de la spéculation sur le terrain de la pratique. La réforme de la société, l'abolition ou la transformation de la propriété, de la famille, l'organisation du travail, la suppression des religions, ne sont plus l'objet immédiat de la controverse; elles n'en forment que l'horizon. Ce qui se discute, ce qui s'agite, ce qui se concerte, c'est le renversement de la Constitution et de la dynastie; c'est la destruction de la monarchie et le rétablissement de la république. Des provocations régicides sont lues publiquement; la révolution et les barricades sont prophétisées de phrase en phrase, de discours en discours. Et quelle république! Et quelle révolution!

Ce sont les insurgés de juin 1848 et de juin 1849 qui reprennent la parole et veulent rejouer contre leurs aînés, les insurgés du 24 février 1848, la partie interrompue par le 2 décembre 1851. Aucun déguisement, aucune atténuation, aucune équivoque possibles : c'est la revendication de la république démocratique et sociale, non pas seulement contre l'Empire, contre toute forme de monarchie, mais aussi contre la république honnête et modérée; de l'anarchie contre toute forme de gouvernement, du désordre contre la règle, des appétits sauvages contre les droits consacrés.

Les véritables vaincus, ce sont les hommes de février ; car la manifestation directe contre le coup d'Etat, personnifiée en M. Baudin, n'a réuni que 420 voix, tandis que MM. Jules Favre, Garnier-Pagès, Carnot, Marie, Crémieux, tous membres du gouvernement provisoire de 1848, ont été exclus ou tenus en échec par les hommes du 15 mai et des journées de juin.

Que la démocratie ne se réjouisse pas des élections de Paris, de Lyon et de Marseille. Elle a perdu tout ce que la démagogie a gagné. Les girondins ont succombé devant les montagnards, et les montagnards ont dû compter avec les hébertistes et les babouvistes.

Il y a cinq ans déjà, le chef avoué de l'hébertisme moderne, écrivain d'un vigoureux talent qui s'allie au plus sombre fanatisme, adressait ces brûlants sarcarmes aux hommes de Février : « Non, savants professeurs de passe-» passe, on ne restera plus, bouche béante, en extase devant » vos tours de gobelets... Nous ne jetterons plus le manteau » de Sem sur la nudité de ces patriarches tombés, le ven-» tre à l'air, dans leur orgie réactionnaire. Nous dirons » désormais au prolétaire : Ne confonds pas notre inno-» cente jeunesse avec les vieux *floueurs* de révolution, et » ne porte pas à notre compte leurs jongleries et leurs tra-» hisons de 1848. »

En écrivant ces lignes, M. Tridon traçait d'une main ferme la ligne de conduite que les révolutionnaires ont résolûment suivie dans les réunions électorales de Paris. MM. Garnier-Pagès et Marie, qualifiés d'assassins du peuple ; M. Jules Favre publiquement traité de criminel, de traître, de tartufe, de saltimbanque et d'escamoteur, insulté, hué, réduit au silence dans la réunion de la rue des Cordeliers-Saint-Marcel, comme M. Marie à la réunion de l'Eldorado de Marseille, savent aujourd'hui que la direction révolutionnaire appartient à MM. Barbès, Raspail, Ledru-Rollin et à leurs jeunes disciples.

La tribune électorale de Paris est semblable à un dynamomètre. Qui frappe le plus fort est élu. Et s'il advenait que le suffrage universel, guidé par des aveugles, se trompât dans l'un de ses choix, on vous répondrait avec M. Tridon, qui, vraiment, avait tout prévu : « Quand même

» Hébert serait un misérable, ce qui est faux, l'idée que » son nom représente n'en aurait point à souffrir. Qu'im» porte au drapeau la main qui agite ses plis? »

Trois seulement des députés sortants, MM. Ernest Picard, Eugène Pelletan et Jules Simon, ont été respectés par le public des réunions électorales, non sans avoir toutefois à soutenir, comme on le verra, des luttes très-diverses : M. Picard obligé de se laisser entraîner peut-être plus loin qu'il ne voudrait aller; MM. Pelletan et Simon ramenés au contraire, et forcés de se défendre contre les qualifications de socialiste, de révolutionnaire et de républicain, moins sympathiques aux communes rurales du département de la Seine qu'aux sections intérieures de Paris.

L'attitude défiante, hostile, injurieuse des réunions électorales de Paris, contre les « pères conscrits » de la République faisait prévoir le sort réservé aux hommes modérés de toute nuance, qu'ils s'appelassent le tiers-parti comme M. Emile Ollivier, ou l'union libérale comme M. Thiers. Plus prévoyant ou moins hardi que M. Jules Favre son allié, M. Thiers n'a pas affronté la tribune populaire; cette abstention ne l'a pas préservé des attaques passionnées et des quolibets insultants; elle lui a du moins épargné l'affront de les recevoir en face.

Une dernière remarque avant de laisser la parole aux orateurs parisiens. Electeurs et candidats ont adopté hautement, sans réticence aucune, les classifications politiques les plus diverses. On s'est dit, sans soulever ni protestation ni étonnement, républicain, socialiste, communiste ; on s'y est même reconnu catholique, bonapartiste et dynastique.

Mais personne n'a souffert qu'on le traitât d'orléaniste sans repousser vigoureusement cette qualification, considérée comme une accusation inacceptable. En doit-on conclure qu'il n'existait aucun orléaniste parmi les candidats, ou que l'orléanisme a le privilége de ne recruter, pour emprunter le mot de M. Prévost-Parodol, que des candidats honteux ?

PREMIÈRE CIRCONSCRIPTION

Candidats : MM. Carnot, député sortant; Gambetta, avocat; Henry, ouvrier; A. Pasquet, rédacteur du *National*; Balagny, maire de Batignolles; Frédérick Terme, rédacteur du *Peuple*.

Par les passages essentiels de la profession de foi de M. Gambetta, avocat, on jugera le caractère de sa candidature :

Aujourd'hui, je ne vous ferai ni programme ni profession de foi : les comités de votre circonscription doivent m'adresser leur programme, et je dois y répondre. Nous contracterons ainsi publiquement, sous l'œil de tous. Je veux cependant signaler le principe directeur de mes opinions et de mes actes politiques.

Ce principe, c'est la souveraineté du peuple, organisée d'une manière intégrale et complète ; il faut tout lui rapporter, et il en faut tout déduire : les institutions, les lois, les intérêts et les mœurs mêmes; scientifiquement appliqué, ce principe peut seul achever la Révolution française et fonder pour toujours l'ordre réel, la justice absolue, la liberté plénière et l'égalité véritable.

Démocrate radical, dévoué avec passion aux principes de liberté et de fraternité, j'aurai pour méthode politique, dans toutes les discussions, de relever et d'établir en face de la *démocratie césarienne* la doctrine, les droits, les griefs et aussi les *incompatibilités* de la démocratie loyale.

Pour mener à bien une telle entreprise, j'ai besoin de tenir de vos libres volontés une commission nette et précise; je l'ai dit à vos délégués et je vous le répète.

Je ne comprends, je ne sollicite, je n'accepte d'autre mandat que le mandat d'une *opposition irréconciliable.*

LÉON GAMBETTA.

Candidat de l'opposition démocratique radicale dans la 1re circonscription de la Seine.

Le programme ayant été discuté et adopté dans plusieurs réunions successives, avec cette formule : *Liberté, égalité, fraternité*, M. Gambetta l'adopta dans les termes suivants :

RÉPONSE AU CAHIER DE MES ÉLECTEURS.

Citoyens électeurs,

Ce mandat, je l'accepte,

A ces conditions, je serai particulièrement fier de vous représenter, parce que cette élection se sera faite conformément aux véritables principes du suffrage universel;

Les électeurs auront librement choisi leur candidat;

Les électeurs auront déterminé le programme politique de leur mandataire;

Cette méthode me paraît à la fois conforme au droit et à la tradition des premiers jours de la Révolution française.

Donc j'adhère librement à mon tour à la déclaration de principes et à la revendication des droits dont vous me donnez commission de poursuivre la réclamation à la tribune.

Comme vous, je pense *qu'il n'y a d'autre souverain que le peuple*, et que le suffrage universel, instrument de cette souveraineté, n'a de valeur, n'oblige et ne fonde qu'à la condition d'être radicalement libre.

La plus urgente des réformes doit donc être de *l'affranchir de toute tutelle*, de toute entrave, de toute pression, de toute corruption.

Comme vous, je pense que le suffrage universel, une fois maître, suffirait à opérer *toutes les destructions* que réclame votre programme, et à fonder toutes les libertés, toutes les institutions dont nous poursuivons ensemble l'avénement.

Comme vous, je pense que la France, siége d'une démocratie indestructible, ne rencontrera la liberté, la paix, l'ordre, la justice, la prospérité matérielle et la grandeur morale que dans le triomphe des principes de la Révolution française.

Comme vous, je pense qu'une démocratie régulière et loyale est par excellence le système politique qui réalise le plus promptement et le plus sûrement l'émancipation morale et matérielle du plus grand nombre, et assure le mieux l'égalité sociale dans les lois, dans les faits et dans les mœurs.

Mais, comme vous aussi, j'estime que la série progressive de ces réformes sociales *dépend absolument du régime et de la reforme politique*, et c'est pour moi un axiome en ces matières que la forme emporte et résout le fond.

C'est d'ailleurs cet enchaînement et cette gradation que nos pères avaient marqués et fixés dans la profonde et complète devise, hors de laquelle il n'y a pas de salut :

LIBERTÉ, ÉGALITÉ, FRATERNITÉ.

Nous voilà donc réciproquement d'accord ; notre contrat est complet. Je suis à la fois votre mandataire et votre dépositaire.

Je fais plus que consentir. Voici mon serment : *Je jure obéissance au présent contrat et fidélité au peuple souverain.*

LÉON GAMBETTA,
Candidat radical.

La connaissance de ces documents était nécessaire pour suivre avec fruit les discussions des réunions publiques tenues dans la première circonscription et dont on aura une idée suffisante par les comptes rendus que nous publions par extraits.

---

9 *mai.* — *Salle des Folies-Belleville.*

La candidature de M. Carnot a été vivement combattue par M. Tolain, qui a reproché à l'ancien ministre de 1848 plusieurs mesures contraires aux intérêts du peuple.

M. André Pasquet, accusé de faire partie de *l'Union libérale*, s'est défendu, mais sans succès. L'auditoire ne lui était point favorable.

Les honneurs de la séance ont été pour M. Gambetta.

Parlant de l'armée permanente, M. Gambetta s'est exprimé ainsi :

« On ne peut rêver la paix quand on a une législation qui est le produit d'une seule classe. Je soutiens que c'est le *suffrage restreint* seul qui a fait la loi. Est-il possible, je vous le demande, que cette loi qui s'impose à tous lorsqu'elle touche à des intérêts économiques, puisse être l'œuvre d'une fraction seulement du pays?

» Lorsque vous avez 283 représentants assis sur leurs bancs, on leur apporte un projet de loi; saisis de ce projet, ils l'examinent, ils le discutent. Vous imaginez-vous par hasard que si le personnage que vous envoyez à la Chambre est sorti d'une caste qui avait des idées particulièrement opposées à celles de la généralité des travailleurs, des idées rivales, vous imaginez-vous qu'il votera en leur faveur ? »

---

12 *mai.* — *Boulevard de la Chapelle*, 124.

M. Blanchard demande au citoyen Gambetta s'il est orléaniste, s'il a eu des relations avec les princes d'Orléans, s'il est vrai qu'il ait dîné avec le prince de Joinville à Zurich, s'il a été reçu à Londres par le duc d'Aumale ?

M. Gambetta fait serment qu'il n'a jamais eu de relations avec les princes de la maison d'Orléans et qu'il n'a jamais mis les pieds dans les pays qu'on lui indique.

« J'avoue, dit-il, que si je rencontrais à l'étranger un prince exilé, je ne m'en détournerais pas. Mais ces prétendues relations que l'on m'accuse d'avoir avec des princes ne sont que des calomnies dirigées contre moi par des journaux de l'Empire et des écrivains de la police. » (*Applaudissements.*)

M. Blanchard demande ensuite au candidat, pourquoi, en 1863, il a patronné la candidature de M. Prévost-Paradol.

M. Gambetta répond que les élections de 1863 étaient moins politiques que celles de cette année; que l'on voulait faire échec à la candidature de M. Cochin, que, pour cela, il fallait un expédient, et que M. Prévost-Paradol avait été l'expédient que l'on avait choisi. Il ajoute qu'il n'est point l'ami politique de M. Prévost-Paradol.

Interpellé ensuite sur les congrégations religieuses, il dit qu'il existe en France plus de 2,000 congrégations religieuses qui accaparent le travail au détriment des classes laborieuses, et que cet état de choses doit cesser.

On demande à M. Gambetta de s'expliquer sur le serment que doit prêter tout député.

M. Gambetta. Il y a plusieurs manières de répondre à une semblable question, mais moi, je n'en connais qu'une seule. Malheureusement, continue-t-il en regardant le commissaire de police, je n'ai pas le droit de la développer ici.

Qu'il vous suffise de savoir que, si je me trouvais au sein d'une démocratie bien établie, je ferais bon marché de mon serment.

Je jure sur mon âme et conscience que je serai irréconciliable avec tout ce qui sera contraire aux principes de 89.

(*Applaudissements. —Bruit. — Vive Gambetta!*)

---

12 *mai.* — *Paris-Belleville.*

A des questions posées par M. Dumont, M. Gambetta a répondu : « Pour réparer les fautes commises, il faut demander la liberté ou bien la prendre. » Il se plaint de la faiblesse de l'opposition de gauche et déclare que l'opposition nouvelle devra, à la Chambre, faire prévaloir les volontés du peuple.

M. Carnot rappelle ses antécédents et ce qu'il a fait à son passage au ministère de l'instruction publique.

On lui demande s'il a voté la loi sur la déportation.

M. Carnot. Etant alors ministre, je ne l'ai pas repoussée, mais je ne l'ai pas votée.

« Il fallait se retirer ! » crie-t-on de tous côtés.

M. Carnot quitte la tribune au milieu d'un grand tumulte.

---

13 *mai.* — *Rue de Marseille*, 31. (*Petite-Villette.*)

M. Gambetta monte à la tribune au milieu des applaudissements. Il critique le budget, demande l'abolition des droits d'octroi, la suppression des armées permanentes ; il exalte le peuple, qui s'est levé en masse pour sauver la patrie en 93 et en 1814.

Le budget des cultes sert, a dit l'orateur, à renter l'ignorance, l'esprit rétrograde et méchant, ennemi de la République, esclave de l'ultramontanisme. Il faut faire cesser cela, comme une attaque à la liberté de conscience, une spoliation !

15 *mai.* — *Salle des Folies-Belleville.*

Le président, M. Sébille invite le public au calme, ce qui n'empêche pas la revendication de toutes les libertés qui ont été ravies.

M. Renaud fait une violente sortie contre MM. Jules Favre et Garnier-Pagès, auteurs de la loi du 7 juin 1848, en vertu de laquelle on nous fusillerait demain.

M. Sébille est pour le socialisme, qui s'impose et ne se discute pas : qu'on ne cherche plus à nous effrayer avec le spectre rouge ! Ce temps-là est passé.

Aucun orateur ne se présente. Le président reprend la parole, et, tout en faisant un pompeux éloge de M. Gambetta, il préfère M. Carnot.

M. Chapelain affirme qu'en décembre 1851, M. Carnot était dans le faubourg Saint-Antoine.

15 *mai.* — *Boulevard de la Chapelle, 124.*

La séance est remplie en entier par un discours de **M. Gambetta**, candidat, répondant à diverses interpellations qui lui sont adressées sur le serment politique, sur la position sociale de la femme et sur les moyens à employer pour améliorer le sort de la classe ouvrière et faire disparaître la prostitution.

En s'expliquant sur le serment exigé des candidats à la députation, l'orateur déclare qu'il croit avoir le droit d'interpréter la Constitution.

Le commissaire de police donne un avertissement au bureau.

M. Gambetta dit qu'il n'entend pas *user de ses droits*, et discuter la Constitution, mais il tient à déclarer que personne, pas même ses électeurs, n'a le droit de lui demander s'il sera fidèle au serment qu'il a prêté. « Je me trompe, ajoute-t-il, un seul homme peut, soit par lui, soit par son ministre, m'adresser une pareille demande, et, en pareil cas, je sais déjà ce que j'aurais à répondre. » (*Bravos frénétiques*).

Abordant ensuite la question de la prostitution, l'orateur, qui la qualifie de plaie sociale patentée, tolérée et officiellement soutenue, dit qu'elle ne peut être vaincue que par l'instruction purement laïque. Suivant lui, *les filles élevées dans les établissements religieux sont, ou des sottes dévouées aux momeries de l'Eglise, ou des prostituées.* Il faut donc émanciper la femme, et cette émancipation, comme tant d'autres choses de l'ordre social ou politique, est à la volonté du peuple, qui seul est souverain.

---

15 *mai.* — *Boulevard de la Villette.*

M. de Beaumont, président, engage, eu égard à l'état actuel de surexcitation, à agir prudemment, mais si l'on est attaqué, à rendre coup pour coup.

M. Gromier donne lecture d'une lettre dans laquelle Félix Pyat refuse la candidature qui lui est offerte, parce qu'il est mort civiquement, si bien mort qu'il transmet son testament à ses électeurs.

Voici la lettre de M. Félix Pyat :

Aux électeurs démocrates-socialistes de la première circonscription de Paris.

Citoyens,

Merci de la candidature que vous m'offrez. Cela prouve que vous n'avez pas peur des revenants, des spectres rouges et autres couleurs que le matador de l'Empire déploie dans ses discours.

Reste une objection à votre offre ! C'est que je suis mort, mort civiquement, mort comme la République (pour cinq ans) et ne pouvant revivre qu'avec elle. Si j'en crois l'arrêt qui me tue, mon nom signifierait Révolution et non opposition. Mon fait serait mépris et haine du gouvernement. Je respecte trop la justice pour la démentir. Donc, citoyens, tant que vous n'aurez pas le pouvoir de ressusciter Lazare, de refaire les miracles de 1830 et de 48, ne perdez pas vos voix ; je me tiens pour bien jugé, pour bien mort ! Et la preuve, c'est que voici mon testament :

« Au nom des principes de 89, liberté, égalité, fraternité, fidèle au dogme de toute ma vie, ayant eu le plus grand honneur que puisse souhaiter un homme, l'honneur de représenter la France libre; insensible à toute autre ambition comme à toute illusion, convaincu par la double expérience de Décembre et de Brumaire que l'Empire est fatal à la liberté, je, soussigné, lègue ma modique fortune, cinquante mille francs, à qui sauvera la liberté.

» FÉLIX PYAT. »

Londres, 12 mai 1869.

M. Tolain reproche à MM. J. Favre et J. Simon d'avoir voté la loi des 7-9 juin 1848.

---

16 *mai.* — *Boulevard de la Chapelle*, 124.

M. Malviot appuie la candidature de M. Gambetta, qui saura planter le drapeau de la démocratie au sommet de l'édifice ; il espère que bientôt les départements et l'Europe ellemême suivront l'exemple de Paris.

M. Casimir Mondon combat MM. Carnot et M. André Pasquet. Il veut une plus grande indépendance pour l'instituteur; il trouve qu'il est inutile d'apprendre le latin et d'envoyer les enfants à l'école avant l'âge de douze ans.

M. Cartini repousse la candidature de M. Pasquet et dit que son journal est subventionné. Quant à M. Carnot, c'est un honnête homme, mais cela ne suffit pas. Il vante la candidature de M. Gambetta, qu'il compare à Mirabeau et à Danton et dit que le procès qu'il a plaidé est un sûr garant de ce qu'il fera pour la liberté.

---

16 *mai.* — *Rue de Marseille*, 31 (*Petite-Villette*).

La séance est ouverte à 8 h. et demie; aucun candidat n'est présent.

M. Bretonneau fait l'apologie de M. Gambetta et lui sait gré de tout repousser sur l'impôt indirect. « A lui, dit-il, tous les suffrages, si l'on veut la réforme de tous les abus ; nos destinées sont entre nos mains, car le peuple est roi. »

Le sieur Renaud ne reconnaît que deux candidats sérieux dans la 1re circonscription, ce sont Gambetta et Carnot ; mais, ce dernier étant signataire de la loi du 27 juin 1848, tous les suffrages doivent se porter sur Gambetta.

M. Jacquet est du même avis que M. Renaud. Carnot est trop vieux, et, désormais, il faut du sang jeune pour représenter le pays. A Gambetta donc doit appartenir cet honneur.

M. Doreur attaque vivement M. André Pasquet et lui reproche d'être blanc dans le Midi, bleu dans le Centre et rouge à Paris ; puis, passant à Carnot, il rappelle que ce candidat était partisan de la monarchie en 1840 et montre sa faiblesse en 1848. L'orateur parle du concile œcuménique, des prêtres, des moines ; il reproche à ces derniers de ne point remplir le but de la nature, qui veut que l'on croisse et multiplie.

M. Mondon s'attire un avertissement du bureau ; il passe alors en revue les hommes de 1789, de 1848 et de 1869. A ces trois époques, dit l'orateur, la liberté s'est manifestée, mais le mouvement de 1869 doit l'emporter sur les précédents et être universel.

M. Roux repousse les hommes de Louis-Philippe ; Carnot et Pasquet, ce dernier surtout, étant trop orgueilleux et se croyant l'envoyé du ciel. Gambetta est le seul qui résume les aspirations de l'époque et doit réunir toutes les voix. N'écoutons pas les journaux, dit l'orateur ; ils mentent tous.

---

16 *mai.* — *Boulevard de la Villette*, 50 (*Cité Chaumont*).

M. Dumont constate que M. Gambetta est le seul des candidats qui soit venu répondre aux questions adressées aux futurs représentants.

L'orateur, dans un langage excessivement énergique, veut qu'à la veille de la fermeture des réunions électorales, on puisse tout dire, sans crainte des conséquences que peut amener le langage de la vérité. Il déclare que, pendant les cinq derniers jours précédant les élections, on organisera des réunions publiques dans lesquelles on ne parlera pas politique, il est vrai, mais dans lesquelles, dit-il, nous nous verrons, et cela suffit.

Il trouve M. André Pasquet indigne de se présenter devant les électeurs. Pour lui, M. Carnot est un homme de bien, mais il a commis des fautes qu'on ne saurait oublier. Quant à M. Henry, candidat ouvrier, il eût été bien aise de voir accueillir sa candidature si M. Henry avait eu l'instruction nécessaire aux importantes fonctions qu'il brigue. Arrivant à M. Gambetta : « Celui-ci, dit-il, sera toujours à notre tête au Corps législatif et *dilleurs s'il le faut*!..... Donnons-lui nos suffrages, poursuit l'orateur, car lui seul est capable de nous faire obtenir les libertés qui nous manquent. »

---

16 *mai.* — *Folies-Belleville.*

M. de Beaumont écarte la candidature de M. André Pasquet, trouve M. Carnot trop vieux, et se déclare satisfait de la démocratie, qui a répondu à son appel. « Dans quelques jours, nous allons voter, et, avec notre bulletin, nous renverserons toutes les tyrannies. » Avertissement du commissaire de police.

Le président. Seul en France, le peuple est souverain. (Triple salve d'applaudissements).

M. de Beaumont, reprenant la parole, appuie M. Gambetta.

M. Mondon repousse également MM. Pasquet et Carnot, en recommandant M. Gambetta. « Les doctrines socialistes doivent se faire jour maintenant ou jamais. » L'orateur réclame l'instruction gratuite et obligatoire.

M. Chapelain trouve trop vieux MM. Raspail et Carnot.

M. Bretonneau recommande M. Gambetta.

M. Montel n'admet que l'enseignement d'Etat. Il ajoute : « On nous dit que le peuple est grand et généreux, et nous ne sommes que lâches. » (*Bravos.*) Cet orateur est pour M. Gambetta; il attaque l'accaparement; il appelle loi de rémunération et de justice la confiscation des biens du clergé.

---

17 *mai* — *Folies-Belleville.*

M. Chapelain veut descandidats jeunes et énergiques ; il n'y a, selon lui, qu'une nuance : « la République. »
(*Avertissement du commissaire de police.*)

M. Renaud, assesseur, dit que le mot république signifie suffrage universel et que l'on est en pleine république, puisque l'on va voter dans quelques jours.
(*Nouvel avertissement.*)

M. Ellé est partisan de M. Gambetta et l'ennemi des candidatures officielles, grâce auxquelles, dans le cours de la monarchie, le mensonge a toujours été à l'ordre du jour. Ces mots : « Vous êtes tous chrétiens, » soulèvent des protestations et un tumulte tels que l'orateur est obligé de quitter la tribune.

MM. Miclou et **Tony Révillon** soutiennent la candidature de M. Gambetta. M. Tony Révillon reproche à M. Carnot de ne point paraître aux réunions et d'être resté muet à la Chambre en face des attaques dirigées contre la Convention.

Plusieurs orateurs viennent défendre tour à tour MM. Gambetta et Carnot. Les défenseurs de ce dernier ont peine à se faire écouter, et les violentes interruptions de leurs adversaires soulèvent un long et violent tumulte.

---

18 *mai.* — *Rue de Paris-Belleville*, 8.

MM. Pirc et **Alpiau** veulent imposer au candidat un programme absolument radical ; ils repoussent Carnot, trop âgé pour être assez énergique, André Pasquet, dont on n'est pas assez sûr, parce que l'on ne sait pas comment il est sorti de Belle-Ile. Ceux qui voteront pour Gambetta affirmeront des espérances d'avenir.

M. Vasseron trouve que Pasquet est insuffisant. Carnot est, dit-il, un de ceux qui ont laissé détruire l'œuvre de 1848 ; il faut voter pour Gambetta.

Pas de légitimistes, pas d'orléanistes, pas de... vous savez ce que je veux dire.

M. Gambetta a nos sympathies parce qu'il ne se laissera pas dire par M. Rouher : Ne parlez pas de cela. La liberté est une femme qui a aux pieds des chaînes brisées; l'oppression est une figure couarde, entourée de casernes et de chassepots; ayez pour guide la liberté.

M. Cartigny : «Pasquet est un homme sans valeur, sans aspirations nouvelles; il est candidat dans une circonscription cléricale du Midi; il est coulé. — Carnot a renié, sous Louis-Philippe, la démocratie. Depuis 1848, en juin, lors de l'expédition de Rome, lors du coup d'Etat, il est resté chez lui. Gambetta est un tribun romain; si la première le choisit, elle sera la première dans l'ordre intellectuel.

A dix heures, M. Gambetta arrive. Le sieur Renault lui pose les questions suivantes ;

1° Que doit-on faire quand un homme, possesseur d'une grande fortune, s'en sert pour accaparer les matières premières ?

2° Il faut que les déclarations de guerre étrangères soient soumises au suffrage universel.

Le commissaire de police avertit le bureau que cette question ne peut être mise en discussion.

3° Il faut que chaque électeur soit garde national et armé; de cette manière, la défense du droit sera respectée.

4° Il faut que, dans la nuit du 23 au 24 mai, les électeurs de Paris, justement méfiants, soient les gardes du corps des urnes électorales.

M. Gambetta prend la parole. Sur le dernier, ayez la précaution que vous avez prise il y a six ans, de ne voter que le lundi.

Sur l'armement universel, je ne serai point contradicteur à cette légitime revendication du droit de porter les armes quand on est majeur et qu'on est digne de fonder un gouvernement et d'en détruire un par l'exercice du suffrage universel.

Ne pas armer, c'est dépouiller du droit d'assurer la liberté. La garde nationale est une nécessité dans la démocratie.

On retire les fusils quand on veut mutiler les démocrates.

Il faut réclamer ce droit, qui a été supprimé arbitrairement.

Sur la question des accaparements, M. Gambetta dit que les chemins de fer, les canaux empêchent les accaparements dangereux. Mais il faut s'élever contre les monopoles, les privilèges, les institutions sans rivalité, sans concurrence, les corporations impénétrables.

Il faut réaliser votre souveraineté et faire que la démocratie, au lieu d'être un décor, soit une maîtresse.

DEUXIÈME CIRCONSCRIPTION

Candidats. — M. THIERS, député sortant ; — MM. D'ALTON-SHÉE, ancien pair de France; — DEVINCK, ancien député ; — BERRIER-FONTAINE, docteur-médecin.

9 *mai.* — *Avenue Montaigne*, 55 (*Gymnase Triat.*)

M. Jules Alix donne lecture de deux lettres de M. Devinck et de M. Thiers, qui s'excusent de ne pouvoir assister à la réunion, le premier, parce qu'il doit se rendre le même soir à deux autres assemblées, le second par les motifs qu'on va lire :

Messieurs,

J'ai reçu l'invitation que vous m'avez fait parvenir au nom du comité démocratique socialiste de la 2e circonscription électorale de la Seine, et je m'empresse de vous en accuser réception.

Je voudrais pouvoir l'accepter, car des témoins de vos discussions m'ont affirmé que c'était dans un sentiment d'impartialité que vous aviez cru devoir me l'adresser. Discutant ma candidature, vous avez pensé qu'il fallait me donner les moyens de la défendre. C'est un acte de justice dont je vous remercie ; mais je vous dois les motifs de mon refus.

Vous n'ignorez pas combien sont nombreuses et diverses les opinions dont la totalité compose l'immensité du suffrage universel. Si j'avais quelque chose à apprendre à mes concitoyens sur ma façon de penser, c'est devant la totalité de ces opinions que je devrais comparaître, et non devant une seule, celle que représente le comité démocratique socialiste, au nom duquel vous m'avez invité à vos réunions. Mais, permettez-moi de vous le dire, qu'irais-je faire au milieu de vous ? Discuter l'organisation sociale ? C'est un sujet des plus sérieux, des plus dignes d'être médités, et sur lequel vous et moi nous différons profondément. Je ne craindrais pas assurément de vous exposer ces divergences, mais est-ce au milieu des ardeurs de la lutte électorale, en présence des agents de l'autorité, disposés à laisser la parole à tout autre qu'à moi, que je pourrais obtenir le temps, la longue attention, le calme qu'exigerait un sujet si important et si grave? Certainement non. De quoi d'ailleurs s'agit-il aujourd'hui? D'une seule question, comme vous l'avez reconnu vous-même dans votre programme imprimé, la question de la liberté.

La liberté est l'instrument indispensable de toute vérité ; or, cet instrument nous a manqué, et il s'agit de le reconquérir. Il y a six ans que je consacre tous mes efforts à cette œuvre, et les personnes que mes discours, mes actes, la constance de mes efforts pendant la dernière législature, n'ont point éclairées, ne le seront point par des explications d'une heure, explications qui ne sont trop souvent que des promesses démenties par des actes. Or, en fait d'actes, je crois pouvoir en offrir d'aussi probants qu'aucun des candidats que vous pouvez m'opposer. La revendication de la liberté est donc l'œuvre essentielle à laquelle nous devons nous consacrer, à laquelle je me consacre avec un dévouement dont la France entière est témoin, que nous ne pouvons accomplir que par l'union de toutes les opinions indépendantes, et, permettez-moi de vous le dire avec franchise, je crains bien que, sans le vouloir, vous ne contribuiez à la division qui diminue aujourd'hui notre force et augmente celle du pouvoir détenteur de nos libertés.

Agréez, messieurs, mes regrets et mes salutations.

A. THIERS.

Bravos mêlés de cris : *A bas Thiers !*

M. Rigault, président, veut rappeler les titres des trois candidats qui se présentent, mais partout on crie : Assez ! ce n'est pas la question ! à la porte !

M. Alix parvient à rétablir le calme et dit qu'il a été lui-même inviter à la réunion M. Thiers, qui a répondu qu'il était trop âgé, qu'il savait d'ailleurs que cette réunion lui serait hostile.

Ce qui frappe M. d'Alton-Shée, c'est de voir M. Thiers placé entre le comité électoral et le comité démocratique et socialiste.

M. Jules Alix rend hommage au talent de M. Thiers, mais il combat sa candidature.

M. Devinck est-il libéral ? dit-il. (*Voix : non! non!*) Eh bien, il est libéral comme l'Empire.

M. Thiers est-il libéral, lui qui le dit ? Eh bien, oui, il est libéral, mais comme la monarchie !

M. Millières. M. Thiers n'aime pas ceux qui ne partagent pas ses opinions. Eh bien, c'est à nous de défendre l'honorable candidat qui est ici présent (M. d'Alton-Shée). M. Thiers est un homme à combattre et est dangereux, c'est le plus habile rhéteur de notre époque. (*Plusieurs voix : A la porte! à la porte! Vive Thiers!*) C'est un homme qui sollicite vos suffrages et qui ne daigne pas seulement venir défendre sa cause. (*Assez! Tumulte général.*)

Il se dit libéral, mais quel usage a-t-il fait de la liberté depuis qu'il est dans la vie publique. Le premier usage qu'il en ait fait, c'est en 1830, le jour de la Révolution.

Il a fait acte de trahison (*Bravos prolongés*). Trahison envers le peuple pour lui escamoter la révolution, trahison envers le roi pour le petit-fils duquel il était mandataire : il a trahi son mandat pour lui enlever la couronne au profit d'un autre, c'est une flétrissure; il a été, pendant 17 ou 18 ans, coryphée du régime qui est tombé; quand il n'était pas au pouvoir, il était de l'opposition..... il a la responsabilité des odieuses lois de Septembre. Souvenez-vous de la trahison de la duchesse de Berry, il a violé son mandat (*Bravos. A bas Thiers !*), et rappelez-vous encore la rue de Poitiers! (*Bravos*)..... Et il ose revendiquer les suffrages des citoyens ! mais il est le principal promoteur du gouvernement actuel... Je comprends maintenant qu'il ne vienne pas défendre sa cause ; il flétrit les électeurs à qui il demande le suffrage (*Bravos*), mais ce n'est pas possible, il ne peut pas servir deux maîtres à la fois.

M Baudot. Thiers a dit : « Avec la liberté et la vraie liberté, on arrive à tout!... » (*A la porte!*)

M. Millières. Devinck n'a pas dit un mot de la liberté, j'en rends hommage à sa pudeur. Thiers a toujours parlé quand il n'était pas au pouvoir, mais lorsqu'il y était, il devenait l'assassin de cette liberté. S'il était ici, je le clouerais à cette sellette... (*Assez ! Tumulte général.*)

Oui, je le répète, si Thiers était ici, il ne dirait pas qu'il est candidat de la liberté, car il l'a tuée.

M. Baudot reproche à M. d'Alton-Shée d'avoir été pair de France, et il ne croit pas à son amour de la liberté.

M. d'Alton-Shée fait observer qu'à l'âge de neuf ans, il était pair de France par l'hérédité, qu'il était bien jeune pour donner sa démission; il ajoute qu'il n'a jamais eu la prétention d'être né républicain.

Il a publié dans ses mémoires qu'il avait été constitutionnel lors de la monarchie en 1847, que, tant qu'elle a marché dans ses principes il n'avait pas à donner sa démission, mais que, en 1847, quand, à la Chambre des pairs, parut la loi qui rétablissait la maison royale de Saint-Denis et les chanoines, il a déclaré qu'il n'était pas catholique; on parlait de religion dans l'article de la Charte, et il a dit que cette phrase devait être supprimée; mais il ne voulait pas faire d'attentat à la religion; il disait seulement que, si l'égalité des cultes existait, il ne devait pas y en avoir de préférés. Enfin M. d'Alton-Shée rappelle les événements qui ont précédé la révolution de juillet, et explique comment de royaliste constitutionnel il est devenu républicain radical.

M. Alix propose de mettre aux voix la candidature de M. d'Alton-Shée.

Cette proposition trouve des contradicteurs, et une vive discussion s'élève entrée certains membres de l'assemblée; le bureau n'en met pas moins aux voix cette candidature, qui est adoptée, au milieu d'une extrême agitation par la grande majorité des assistants.

---

10 *mai.* — *Avenue Montaigne.*

M. Devinck s'est déclaré partisan d'un conseil municipa élu; il rappelle qu'il est entré au corps municipal en 1848 avec son ami Bixio; qu'il a été élu député de la Seine en 1857; qu'il veut ne devoir son élection qu'au libre suffrage de ses concitoyens, et qu'il se présente pour établir que de 1863 à 1869, les députés de la Seine n'ont pas pris les intérêts des contribuables parisiens, étant sans influence sur le gouvernement et sur la majorité.

M. Millières reproche à M. Devinck d'être l'instrument de celui qui tient aujourd'hui la ville de Paris dans ses mains, et de ne pas avoir dit un seul mot pour revendiquer les droits dont le peuple est privé depuis si longtemps.

M. Devinck se déclare satisfait du régime actuel.

Voix.—Nous ne voulons pas de lui ? (*Applaudissements prolongés*).

---

11 *mai.* — *Avenue Montaigne.*

M. Delbrouc ne veut pas parler de M. Devinck, qui, dit-il, n'a guère de partisans (*Approbation*). Quant à M. Thiers, tout en reconnaissant les services qu'il a rendus, l'orateur repousse également sa candidature. M. Thiers ne peut prétendre représenter les démocrates socialistes de Paris. Il l'a d'ailleurs, franchement déclaré dans sa lettre. Qu'il se fasse élire s'il le peut, en province. Pour l'orateur, il n'y a qu'un candidat, c'est M. d'Alton-Shée. La démocratie radicale doit voter pour lui ; même au deuxième tour (*Bravos*).

M. Palcet désapprouve M. Thiers, qui est monarchique et qui a fait prononcer à M. Rouher le fameux *Jamais !* Il est cependant moins radical que le préopinant. « M. Thiers, dit-il, a pris M. Haussmann corps à corps, et il vaut mieux s'il y a ballottage, envoyer à la Chambre M. Thiers, qui n'est point démocrate, il est vrai, mais qui, du moins, n'est pas muet et aveugle comme M. Devinck. » (*Bravos.*)

M. Jules Genois appuie M. d'Alton-Shée. Il ne veut pas de M. Thiers, qui est pour les armées permanentes.

Un jeune homme, **M. Léon Millot** dit aussi qu'il votera pour M. d'Alton-Shée. Il regrette cependant que ce candidat soit partisan de la peine de mort, puisque, comme pair de France, il a voté la mort du citoyen Louis-Bonaparte, aujourd'hui empereur des Français.

Quant à M. Devinck, il le déclare un candidat officiel honteux.

Il attaque tous les actes de M. Thiers.

M. Louis Barce : Messieurs...

(*Interruption.* Dites : Citoyens.)

L'orateur insiste, et le président, après avoir consulté l'assemblée, l'autorise à dire Messieurs.

L'orateur dit qu'il est Auvergnat. (*Hilarité.*) Il votera pour M. Thiers, qui est le défenseur des colonies. Il demande ce que M. d'Alton-Shée ferait pour elles s'il était élu.

(Le président fait observer que M. d'Alton-Shée est absent et que l'on va aller le chercher. — (*Bravos.*)

M. Barce continue son discours. Il fait un historique politique qui s'arrête à 1848, et s'écrie : « Pour un bon Français, d'abord haine à l'étranger. »

Ces paroles soulèvent des réclamations bruyantes. On crie : « Ce sont nos frères! ce sont les tyrans qu'il faut haïr, et non les peuples. »

L'orateur termine en demandant que l'opposition persiste, s'il y a ballottage, dans l'attitude qu'elle a prise en 1863.

M. Emile Richard appuie la candidature de M. d'Alton-Shée. Il ne parlera pas de M. Devinck, qui est *mort*. Il rend hommage au talent de M. Thiers, mais il blâme ses opinions cléricales, et déclare qu'il ne faut pas voter pour lui.

M. Jules Alix demande que l'on se prononce formellement pour M. d'Alton-Shée : « Il faut l'acclamer comme on a acclamé le citoyen Ernest Picard dans la 4e circonscription. »

On annonce l'arrivée de M. d'Alton-Shée. Il entre dans la salle et traverse la foule, qui est devenue compacte, au milieu d'applaudissements frénétiques.

Il prend place sur l'estrade, et le président invite M. Barce à venir poser de nouveau sa question sur les colonies.

M. Barce renouvelle cette question.

M. d'Alton-Shée répond que, s'il est élu député, il réclamera toutes les libertés et les mêmes droits pour tous les Français, qu'il soient dans la mère-patrie ou qu'ils en soient séparés par l'Océan.

L'assemblée acclame l'orateur, et M. Barce lui-même vient déclarer qu'il votera pour M. d'Alton-Shée.

M. Milliaud demande à M. d'Alton-Shée si lui, électeur, voterait pour M. Thiers au deuxième tour.

M. d'Alton-Shée répond qu'en 1863 il est allé à Saint-Germain, afin de ne pas voter pour M. Thiers. Il revient sur la vie politique de M. Thiers, et lui reproche sa conduite.

---

12 *mai*. — *Salle de la Réunion, rue de Lévis*, 8.

M. Rigaud, président, lit la circulaire de M. d'Alton-Shée à ses électeurs.

Cette lecture est accueillie par de nombreux bravos.

M. d'Alton-Shée remercie l'assemblée et résume les idées qui le séparent de M. Thiers. Il demande la suppression des armées permanentes et des budgets ; il veut l'instruction primaire, laïque, obligatoire. Il se dit démocrate radical. Pour lui, l'opposition radicale est celle qui, lorsqu'on lui restitue ce qui lui a été enlevé, ne se croit pas obligée à la reconnaissance; elle reprend ce qui lui est dû.

M. E. de Berg demande à M. d'Alton-Shée s'il s'engage à rendre compte de son mandat à la fin de chaque session. Quant à M. Devinck, ajoute-t-il, le subordonné de M. le préfet, nous ne nous en soucions guère; il est jugé. (*Bravos.*) Avec M. Thiers, il faut adopter un plan de conduite. Thiers ne se soucie pas de venir répondre. (*Des voix disent qu'il a répondu.*) En effet, continue l'orateur, M. Thiers a lancé un petit livre contre M. Haussmann. (*Interruption, tumulte.*)

Cris : A la tribune !

M. François Fabre réclame le rétablissement de l'ordre et dit que le peuple doit montrer qu'il est digne du peu de liberté qui lui est accordé.

M Delbrouck, architecte, dit que l'on doit voter pour M. d'Alton-Shée, mais, qu'en cas de ballottage, le devoir commande de se rallier à M. Thiers, au second tour de scrutin, s'il a obtenu le plus de voix au premier tour de scrutin pour triompher. (*Une voix :* Attaquez-le, vous lui faites du bien. — *Tumulte.*)

L'orateur reprend : « Nous devons détacher de M. Thiers les vrais démocrates socialistes. Pensez au massacre de l'église Saint-Méry, à la première et à la deuxième expédition romaine, voilà les actes de M. Thiers. »

La parole est donnée à **M. Berrier-Fontaine.**

L'orateur déclare que cette assemblée est noble et grande, car c'est celle du peuple. Lui aussi est candidat de la 2e circonscription, et admire d'Alton-Shée, mais il ne savait pas se porter en même temps que lui. (*Cris : Assez ! assez ! tumulte.*)

Sur l'interpellation de M. François Fabre, **M. d'Althon-Shée** se prononce sur la paix et la liberté commerciale ; il réclame pour la France l'honneur de donner l'exemple du dévouement.

M. Emile Richard met en regard le passé de M. Thiers et celui de M. d'Alton-Shée ; le premier est partisan des budgets, des armées permanentes ; c'est lui qui a fait prononcer à M. Rouher le fameux *Jamais !* qui nous enchaîne pour toujours à la défense du pape.

Le second veut tout le contraire. En février, il s'est déclaré pour la souveraineté populaire ; il a présidé les comités électoraux de 1848 et 1849 ; il a toujours été démocrate radical.

Une voix : — Il n'est guère beau, ce passé ! (*A la porte à la tribune !*)

L'interrupteur monte à la tribune, mais on ne le laisse pas parler. (*Tumulte.*)

Mise aux voix, la candidature de M. d'Alton-Shée obtient une immense majorité.

---

13 *mai.* — *Rue de Lévis.*

M. Devinck veut expliquer sa conduite et ses opinions ; il est sans cesse interrompu par les plus violentes exclamations. il est évident qu'une partie de l'auditoire a le dessein prémédité de l'empêcher de parler. — L'orateur dit cependant qu'il est partisan de l'élection des conseillers municipaux, qu'il veut l'abolition du timbre pour les journaux, qu'il s'oppose à la séparation de l'Eglise et de l'Etat, mais qu'il réclame l'instruction gratuite non obligatoire.

Il est partisan de la responsabilité des ministres, approuve les travaux de Paris, demande la suppression du droit d'entrée sur les vins ; enfin il veillera à ce que les communes annexées reçoivent toutes les améliorations qui leur sont dues.

M. Boulley se déclare hostile à la candidature de M. Devinck parce qu'il a voté l'expédition de Rome, qu'il ne veut pas la suppression des armées permanentes et qu'il a approuvé les bons de délégation qui circulent comme d'autres valeurs, sans être soumis au timbre. « De plus, la vie politique de M. Devinck date de 1852, date qui me répugne. » (*Bravos frénétiques.*)

M. Devinck reprend la parole et déclare qu'il demandera la réduction des budgets de la guerre et de la marine ; il croit qu'il sera possible de limiter à trois ans le service du soldat.

M. Guérin repousse M. Devinck. Ce dernier, dit-il, a accepté l'investiture officielle, qui est un attentat à la liberté électorale ; il a été le complice de M. Haussmann.

Le candidat répond « qu'il a combattu les idées de M. le préfet. »

M. Guérin ajoute : qu'en votant contre l'amendement de M. Picard, M. Devinck « a poussé à la ruine du pays. »

Un tumulte effroyable empêche le candidat de répondre, et le commissaire de police dissout la séance.

---

13 *mai.* — *Avenue Montaigne.*

M. Millière, à qui l'on a reproché dans un journal la violence de ses attaques contre M. Thiers, voudrait le voir non pas à la sellette, mais au pilori. (*Agitations rumeurs.*) Il lui reproche d'avoir été l'un des plus grands contempteurs de la liberté, un des destructeurs de la République, un royaliste, d'avoir été le promoteur de la loi qui restreignait le nombre des électeurs. « Si, dit-il, ma main droite votait pour lui, je la trancherais de l'autre avec une hache ! »

M. Alix dit que le comité démocratique socialiste a été préparé et produit par les réunions publiques qui ont précédé la période électorale ; il parle des réunions, de la liberté radicale, nom sous lequel il désigne le socialisme et invite les électeurs à venir chercher des bulletins de vote aux lieux des réunions.

M. d'Alton-Shée veut l'abrogation de l'article 75 de la Constitution, de l'article 8 et celle de la loi de sûreté générale ; il demande l'instruction laïque, gratuite et obligatoire ; il se prononce contre l'expédition et l'occupation romaine.

Sur une interpellation écrite dont il est donné lecture, M. d'Alton-Shée dit : Que l'on doit pouvoir tout discuter, même le matérialisme, et que la liberté d'opinion doit exister même pour ceux qui croient.

Interpellé par M. Alisson sur ce qu'il entend par une candidature socialiste, le candidat dit qu'il a déjà répondu à cette question en énonçant les réformes qu'il entend demander.

M. Baltz se dit soldat du premier empire et glorifie la mémoire de Napoléon Ier.

Une partie de l'assemblée veut lui retirer la parole. Un vote la lui maintient.

Il se déclare partisan de M. Thiers, qui saura le mieux résister. Il blâme les événements de 1851, sur lesquels il a été éclairé par le livre de M. Tenot.

M. Alix dit que la conciliation se fera naturellement au scrutin entre le libéralisme et la démocratie ; il ajoute qu'il faut conquérir d'abord le socialisme parce que la liberté ne viendra que par lui.

M. d'Alton-Shée désirerait qu'on parlât moins de socialisme et de loi agraire. Ces mots n'ont jamais servi qu'à tuer la liberté. Il engage à ne pas voter pour M. Thiers, si l'on veut arriver à une liberté complète.

M. Alix annonce que dans les cinq jours qui précéderont le scrutin, on tiendra des réunions publiques non électorales, où l'on traitera les questions socialistes.

---

14 mai. — Rue de Lévis.

M. Berrier-Fontaine, candidat, donne lecture de sa profession de foi. Il dit qu'il est démocrate et que, si l'on abolissait le suffrage universel, il serait républicain. Il rappelle sa profession de foi ; il marchera droit dans le chemin qu'il a indiqué.

Une voix : Nous la connaissons, celle-là !

L'orateur poursuit son discours, qui n'est pas écouté. Il propose alors à l'assemblée de décider, par un vote, s'il maintiendra ou s'il retirera sa candidature.

On va aux voix.

Le résultat du vote est douteux. (*Tumulte.*)

M. Berrier-Fontaine reste à la tribune. Il combat la candidature de M. Thiers ; quant à celle de M. d'Alton-Shée, il reconnaît qu'elle est démocratique et de beaucoup préférable à la candidature de l'ancien ministre de Louis-Philippe.

M. Berrier-Fontaine fait connaître ses antécédents politiques avant 1848 ; il a aidé à renverser le gouvernement de Louis-Philippe, et il dit que, le duc de Bordeaux mort, les légitimistes s'uniront aux orléanistes pour rappeler en France la famille d'Orléans. Il est impérialiste parce que l'empire est issu du suffrage universel. Il parle de l'Empereur, qu'il a connu en exil, et du frère de Sa Majesté, qui s'est fait tuer pour la cause italienne.

Une voix. Cela ne nous intéresse pas. (*Tumulte*).

A neuf heures et demie, arrive M. d'Alton-Shée. Il est accueilli par des vivats. **M. dAlthon-Shee** rappelle à M. Berrier-Fontaine les amitiés qu'il lui a faites, mercredi dernier, et ne comprend pas qu'il soit aujourd'hui son compétiteur.

M. Berrier-Fontaine monte à la tribune. (*Bruit. — Assez ! assez !*)

Une voix. M. Berrier-Fontaine doit retirer sa candidature. (*Oui ! oui !*)

Le tumulte devient considérable ; le commissaire de police donne un avertissement.

M. Berrier-Fontaine dit qu'il s'en rapporte à la souveraineté du peuple, qui est le maître. (*Assez ! assez !*)

M. Delbrouck demande à M. Berrier-Fontaine comment il se fait qu'étant démocrate il soit médecin de l'Empereur. M. Berrier-Fontaine veut répondre ; on lui crie : A la porte ! à la porte ! Vive d'Alton-Shée !

M. Delbrouck revient sur sa question ; son attitude est si violente qu'un deuxième avertissement est prononcé.

Toute l'assemblée crie à M. Berrier-Fontaine : « Démission ! démission ! » Ces cris continuent sur l'air *des Lampions*, et le tumulte devient tel que le commissaire de police prononce la dissolution de la réunion. — M. d'Alton-Shée sort avec la foule, qui lui fait une ovation.

---

15 *mai. — Salle Valentino.*

M. d'Alton-Shée se plaint de s'entendre souvent reprocher sa noblesse : « Mirabeau, dit-il, n'était-il pas comte? Condorcet et Lafayette étaient marquis; Robespierre était noble.» M. d'Alton-Shée reproche à son concurrent, M. Thiers, de s'être servi du suffrage universel pour nous conduire à l'élection du dix décembre.

M. Paul Boulanger et **M. Feytaut** se portent comme candidats, mais l'auditoire ne veut même pas les entendre.

M. Arnal demande à M. d'Alton-Shée s'il se retirera au second tour de scrutin s'il a la minorité.

M d'Alton-Shée déclare qu'il ne peut disposer des électeurs, qui voteront selon leur conscience et que, M. Thiers n'ayant pris aucun engagement, il ne peut en prendre seul.

16 *mai.* — *Théâtre Rossini, à Passy.*

Après une courte allocution de **M. Rigault, M. Louis Jouve** (de la *Tribune*) discute rapidement le mérite des trois candidats : M. Thiers qu'il considère comme ennemi de la démocratie, M. d'Alton-Shée qui en est l'ami, et M. Devinck qui n'est qu'un candidat officiel déguisé et contre lequel il se prononce ouvertement.

M. Loiseau, ouvrier, se prononcerait en faveur de M. Thiers, bien qu'il pense qu'il n'est pas tout à fait exempt de tendances fâcheuses pour un économiste si distingué ; il lui reproche surtout de ne pas venir s'expliquer dans les assemblées malgré les invitations qu'il a reçues.

M. Renaud vient chaleureusement défendre la candidature de M. Thiers, pour lequel l'on doit voter pour peu que l'on soit ami du gouvernement de la nation par la nation, proposition immédiatement contestée par M. le docteur Veyne, qui a assisté, lui, à la lutte de la monarchie de juillet contre la démocratie. Or, M. Thiers n'a rien fait alors pour le peuple ; il est libéral comme le cléricalisme, tandis que M. d'Alton-Shée est libéral comme la démocratie radicale.

M. Lechevalier, au contraire, prend la défense de M. Thiers, qui, bien qu'appartenant au pouvoir, a toujours su résister au pouvoir personnel et au roi Louis-Philippe lui-même.

Enfin, **M. d'Alton-Shée** fait un appel énergique aux partisans de la démocratie, en les invitant non pas à se préoccuper de la possibilité d'une défaite, mais seulement à voter suivant leur conviction.

Plusieurs personnes, et notamment MM. Millières, Millot et Delière, ainsi que M. Henri Martin, viennent appuyer de leur autorité l'opinion émise par les précédents orateurs et demandent qu'on vote autant que possible pour les candidats de la démocratie. (*Bravos.*)

Cette réunion a pour résultat l'adoption de la candidature de M. d'Alton-Shée.

17 mai. — Avenue Montaigne.

M. Delbrouck prétend que M. Thiers sait bien débrouiller les budgets quand il est ministre.

Il craint qu'en le nommant on ne trompe le pays et le chef de l'Etat, peut-être animé d'intentions libérales. Ce qu'il veut, c'est un candidat socialiste, qui fasse disparaître l'inégalité des classes par la diffusion de l'instruction rendue gratuite et obligatoire.

M. de Pressensé recommande de s'unir contre le pouvoir, et, en cas de ballottage, de voter pour M. Thiers.

M. Millières rappelle que le parti libéral s'est toujours appuyé sur le parti démocratique pour le tromper, et l'a toujours oublié après la victoire. Il ne veut pas de la conciliation proposée par le précédent orateur, et, en cas de ballottage, il votera pour son candidat. Il flétrit la lâcheté de ceux qui ont abandonné leurs convictions et leurs amis. Ce qu'il veut, c'est une éclatante manifestation, comme le seraient les élections de MM. Baudin, Gambetta et Rochefort.

M. Loiseur invite les électeurs à voter pour le candidat démocrate radical. Il prétend que les sergents de ville ne voteront pas pour M. Devinck.

Sur une interpellation, **M. d'Alton-Shée** se déclare libre-échangiste et dit qu'il ne reconnaît pas le droit à notre politique de s'immiscer dans l'unité des peuples. Il est partisan du droit d'association le plus complet, de l'élection de la magistrature et de l'abrogation de l'article 75 de la Constitution de l'an VIII.

La candidature de M. d'Alton-Shée est votée à une grande majorité.

TROISIÈME CIRCONSCRIPTION

Candidats : MM. Emile Ollivier, député sortant. — D. Bancel, ancien représentant. — Ernest Hennequin. — Gustave Grandin. — Louvet (s'est retiré).

La lutte a été particulièrement intéressante dans cette circonscription, où M. Désiré Bancel, ancien représentant montagnard, avait posé sa candidature par la proclamation suivante, qui fut affichée sur les murs dans la matinée du 4 mai :

Mes chers concitoyens,

J'ai reçu de vous l'adresse suivante :

« Nous, citoyens soussignés, électeurs de la 3e circonscription de la Seine ;

» Considérant qu'il importe à la démocratie française, dans les circonstances actuelles, non-seulement de reconquérir pour la France la souveraineté imprescriptible d'elle-même et la libre et complète direction de ses affaires, mais encore d'affirmer que cette reprise de possession ne peut s'opérer qu'au nom de principes parfaitement arrêtés et non pas au moyen de transactions et de compromis incompatibles avec la dignité du peuple ; que cette affirmation nette et vigoureuse constitue dès à présent le grand intérêt des électeurs de 1869, et pourra seule conférer devant la France et devant l'Europe à cette imposante manifestation du suffrage universel le véritable caractère qu'elle doit avoir ;

» Considérant que M. Emile Ollivier, député actuel de la troisième circonscription, par sa conduite et ses votes dans la dernière législature ; par les idées qu'il a émises tant dans ses discours que dans ses écrits ; par les démarches personnelles auxquelles il s'est livré, en dehors de ses électeurs, sans leur avis et sans leur aveu ; par les relations qu'il a nouées avec ceux mêmes qu'il avait reçu mission et accepté mandat de surveiller, de contrôler et de discuter, ne peut plus être l'organe de l'affirmation de nos principes et de la revendication de nos droits ;

» Considérant qu'il y a lieu d'investir un autre mandataire de la confiance de la démocratie, dont M. Emile Ollivier s'est rendu indigne ;

» Considérant que le citoyen Bancel, ancien représentant du peuple sous la République, par la dignité de son attitude dans l'exil, autant que par l'éclat de son talent oratoire, se recommande à tous les titres comme l'un des hommes du parti démocratique à qui peut être le plus sûrement confié le mandat de député ;

» Déclarons, par les présentes, offrir au citoyen Bancel la candidature dans la 3e circonscription de la Seine aux élections de 1869. » (*Suivent deux mille cent signatures.*)

J'accepte la candidature que vous m'offrez, et voici ma déclaration de principes :

Il est des droits inaliénables, imprescriptibles, dont la revendication est éternelle.

Ces droits, qui dérivent de la nature de l'homme et de sa dignité, ont été proclamés par la Révolution française.

Nos pères donnèrent à la France la liberté politique et religieuse et l'égalité civile. Ils aspiraient à réaliser la fraternité sociale par une série d'institutions conformes à l'esprit scientifique, généreux et humain du dix-huitième siècle ; ils croyaient à la solidarité des intérêts et des peuples. Leur idéal fut la grande fédération européenne, dont les fédérations de 89 et 90 demeurent comme la promesse et l'image.

Ils pensaient que la France est responsable de sa politique non-seulement devant elle-même, mais devant l'humanité ; ils voulaient en faire, non pas la dominatrice, mais l'initiatrice du monde. La lumière des idées leur plaisait mieux que l'éclat des armes ; ils ne tiraient l'épée que pour la défense du sol et de l'honneur, sachant que la guerre est le chemin des dictatures et que toute guerre entre Européens est une guerre civile.

Economes des deniers publics, fidèles et incorruptibles gardiens des intérêts de la France, ils lui épargnèrent la honte d'une banqueroute préparée par les dilapidations de la monarchie.

Au milieu des plus terribles orages, ils ne cessèrent jamais de veiller à l'éducation de l'enfance et à l'enseignement du peuple : ils ont créé les écoles primaires, ces ruches des âmes véritablement démocratiques.

La Révolution fondait l'égalité devant la loi et repoussait l'égalité sous un maître.

L'absolutisme du prince disparaissait devant la souveraineté du peuple, juge de ses mandataires.

Maîtresse de ses destinées, la France était alors la terre natale du droit moderne et la sentinelle de la liberté.

Après plus de mille ans de servitude, d'ignorance, de misère et de fanatisme, elle délivrait les hommes, éclairait les esprits, affranchissait le travail, émancipait les consciencieux.

La parole et la presse, les réunions populaires et les cahiers des communes étaient les organes de ce mouvement civilisateur; la tribune de la Constituante et de la Convention, le trépied de ces prophètes du progrès. Fille de 89, de 92, de 1830, de 1848, la France contemporaine doit, sous peine de déchéance morale et de décadence politique, recueillir et féconder, en l'élargissant, l'héritage des aïeux.

Il est temps, en effet, de reconquérir et d'exercer les droits sans lesquels les nations énervées roulent et tombent de l'indifférence à la mort. *Il est temps de reprendre nos vieilles traditions interrompues au 19 brumaire.*

Qu'on ne dise pas de la France du dix-neuvième siècle ce qu'on a dit de la Rome impériale : « Elle pouvait recouvrer la liberté, elle ne l'a pas voulu. »

Concitoyens, je disais, il y a vingt ans : « Je ne suis pas de ceux dont les principes flexibles changent avec les circonstances qui les dominent; je suis de ceux qui sont dominés par leurs principes et qui leur restent fidèles. »

Fortifiées par l'étude, justifiées par l'expérience, affirmées par l'exil, les idées politiques de ma jeunesse font la force, la consolation et l'espérance de mon âge mûr ; elles sont tout entières contenues dans le *programme de la démocratie radicale*; il n'en est aucune qui ne soit conforme au génie de la Révolution.

Je les défendais à l'Assemblée législative, et si vos suffrages m'imposent ce redoutable honneur, je suis prêt à les défendre encore.

Salut et fraternité.

D. BANCEL.

Le soir même, M. Émile Ollivier adressait à M. Bancel la lettre qu'on va lire :

Paris, le 4 mai au soir.

Monsieur,

1,075 électeurs de la 3e circonscription, dont j'ignore le nom, vous ont offert une candidature contre moi, parce que je me suis rendu INDIGNE de la confiance de la démocratie.

Vous avez accepté cette offre.

Par là, vous vous êtes engagé à reproduire en ma présence et à justifier l'accusation d'INDIGNITÉ qui est la raison d'être de votre candidature.

Je vous invite publiquement à remplir cet engagement.

Veuillez m'envoyer deux de vos amis; je les mettrai en rapport avec deux des miens. Ensemble il se concerteront pour choisir un vaste local, désigner un président, s'assurer de sténographes fidèles et fixer le jour et l'heure de la réunion.

Quand tous ces préliminaires auront été réglés, nous nous présenterons tous les deux devant l'assemblée. En votre qualité d'accusateur, vous prendrez la parole le premier pour justifier votre accusation d'indignité. Je vous répondrai. Nos paroles seront recueillies. Et le lendemain, Paris et la France pourront prononcer entre nous.

Je vous prie de m'excuser si je vous écris par la voie des journaux; c'est que j'ignore votre adresse.

Agréez mes salutations empressées.

ÉMILE OLLIVIER,
29, rue Saint-Guillaume.

P.-S. — Quelques journaux ont annoncé que j'avais reçu l'invitation de me rencontrer avec vous. Je n'ai reçu de personne aucune invitation de ce genre.

Le soir même, mardi 4, deux réunions successives eurent lieu : la première au théâtre Molière, dans le passage du Saumon ; l'autre à la salle Molière, rue Saint-Martin. En voici les comptes rendus très-sommaires; nous n'en vons pas d'autres.

---

4 mai. — Théâtre Molière.

M. Bancel a paraphrasé la déclaration des droits de l'homme de 1791, et, répondant à des interpellations, il s'est déclaré partisan du divorce, opposé à l'impôt progressif, favorable aux associations ouvrières et à l'organisation administrative que nous a léguée la Révolution. Il désire que l'armée soit remplacée par une milice, et il aurait voulu que le libre échange, dont il est partisan, eût été préparé plutôt qu'imposé.

M. Bancel a été vivement acclamé et, la réunion terminée, il s'est rendu à celle de la salle Molière, où se pressaient mille personnes; il en était resté quatre à cinq milles à la porte.

---

4 *mai.* — *Salle Molière.*

Hier 4 mai, à huit heures du soir, la salle Molière était pleine; plus de quinze cents citoyens sont restés à la porte faute de place.

Vers huit heures et demie, M. Durier prononce un discours. Vers neuf heures, le citoyen Bancel entre dans la salle au milieu des plus frénétiques applaudissements; il monte sur l'estrade et prononce un discours qui excite les transports de l'assemblée.

Dans son discours, il a prononcé des paroles qui sont des engagements. « Je suis la démocratie vivante, et au besoin *je serai la démocratie militante...* »

« Je m'engage à venir à la fin de chaque session rendre compte à mes électeurs de mon mandat et leur faire part de mes résolutions pour la session suivante... »

Le bureau a nommé des délégués chargés de sommer M. E. Ollivier d'avoir à se présenter devant les électeurs de la troisième circonscription. — Ch. Quentin. (*Le Réveil.*)

Une autre réunion eut lieu le lendemain mercredi 5, à la salle Molière. Avant de s'y rendre, M. Bancel avait adressé aux journaux la communication suivante :

Concitoyens,

M. E. Ollivier m'adresse, par la voie des journaux, un cartel oratoire.

Il me paraît impossible de l'accepter sans dénaturer les règles élémentaires du suffrage universel.

Plusieurs réunions électorales ont été convoquées ; je m'y suis rendu ; j'ai manifesté devant vous mes principes politiques ; j'ai répondu à vos interpellations.

Que M. E. Ollivier imite mon exemple, qu'il comparaisse à son tour ; qu'il rende librement compte de son mandat !

Vous êtes ses accusateurs, ses témoins et ses juges.

Salut et fraternité.

D. BANCEL.

Paris, 5 mai au soir.

---

5 *mai.* — *Salle Molière.*

La réunion publique de la salle Molière, dans la 3e circonscription, a été hier, pour M. Bancel, l'occasion d'un triomphe nouveau. On avait assuré que M. Ollivier viendrait défendre sa candidature. Mais M. Ollivier n'est pas venu.

M. Mathorel (1) a posé très-haut et très-bien la question générale.

M. Tirard dit qu'une démarche a été faite près de M. Ollivier pour le décider à venir à la réunion, et que M. Ollivier a refusé.

Lecture est faite d'une lettre, dans laquelle M. Ollivier convie M. Bancel à un tournoi d'éloquence dont le prix serait donné par la France entière, appelée à juger dans cette question. Cette lettre a été accueillie par les lazzis et les rires de l'assemblée.

M. Bancel a répondu avec simplicité qu'il *refusait absolument de souscrire à la proposition singulière de M. Ollivier,* qu'il n'y avait pas besoin de tout ce formalisme, *ressemblant par trop à ces joûtes oratoires des rhéteurs du Bas-Empire.* Si M. Ollivier veut en effet venir s'expliquer, les réunions publiques électorales qui ont lieu tous les jours n'ont pas été mises en pratique dans un autre but. Et, comme l'a ajouté l'éminent orateur, il n'y a pas d'autres juges des candidats de la troisième circonscription que les électeurs de la troisième circonscription. On doit plaider devant ceux qui prononceront l'arrêt.

M. Bancel est ensuite entré dans la question politique. Il a principalement traité de la liberté et de l'égalité des cultes, de l'indépendance du pays et des réformes sociales.

Comme il l'a très-exactement dit : « *Avez-vous la liberté des cultes, puisqu'une seconde expédition romaine a pu être faite, puisqu'une religion officielle a été défendue par les*

(1) Ancien rédacteur du *Pays, journal de l'Empire.*

baïonnettes françaises, qui ont fait merveille; puisqu'une troisième expédition romaine peut être, s'il plaît au pouvoir, décidée demain et exécutée sans délai? »

Des bravos unanimes ont accueilli ces paroles.

Il a fait un éloquent appel à l'union de tous les démocrates qu'on essaye de diviser sur les détails de la question sociale : « Que tous ceux, a dit M. Bancel, qui reconnaissent la souveraineté du peuple et entendent reconquérir la liberté et l'indépendance de la nation soient unis. Nous arriverons ainsi plus promptement à la réalisation des *réformes sociales* que j'appelle de tous mes vœux, *que j'accepterai et que je proposerai, tant qu'elles ne seront pas contraires aux principes de la propriété, de la liberté, qui ont été inscrits en* 89 *dans la Déclaration des droits de l'homme.* »

Pour peindre en peu de mots notre situation financière, M. Bancel a cité la phrase de Necker au roi, en 1787 : *Sire, l'état des finances est un état plein de ténèbres.*

« Y voyez-vous plus clair aujourd'hui? » a ajouté l'orateur. Il a également indiqué que son système de gouvernement admettait la décentralisation administrative. « Savez-vous ce qu'est le sol de la France? dit-il; — une immense ruche. Eh bien, chassons-en les frelons, appelons les abeilles. »

Les dernières paroles, qui résument parfaitement le caractère plein de loyauté, de conviction démocratique et de courage de l'honorable et aimé candidat de la troisième circonscription, ont été les suivantes : « Liberté, propriété et résistance à l'oppression ; ne l'oublions pas! »

Son discours chaleureux et empreint du plus pur patriotisme, a été salué par des bravos frénétiques. A sa sortie de la réunion, M. Bancel a été accueilli par les cris enthousiastes de : *Vive Bancel!* et la foule l'a accompagné jusqu'à son domicile du boulevard Sébastopol. — ALBERT BAUME. (*Le Rappel.*)

Autre compte rendu.

Quelques incidents d'importance réelle ont signalé hier la réunion électorale qui s'est tenue, comme la veille, à la salle Molière.

D'abord la parole énergique de M. Mathorel a réduit à sa juste valeur la candidature de M. Emile Durier, qui ne daigne venir dans les réunions publiques que lorsqu'il y a des honneurs, une haute position à solliciter, y vient sans s'expliquer sur la moindre des aspirations sociales qui sont au fond de tous les principes politiques et reste toujours dans le vague des généralités. M. Lefrançais a donné le dernier coup à cette candidature en parlant de la juvénilité politique de M. Emile Durier. Le mot a été fort applaudi.

M. Lefrançais veut poser pour certaines opinions la politique de l'abstention. Un tumulte l'empêche d'expliquer ses idées.

Un ami de M. Bancel donne lecture de la lettre de M. Emile Ollivier qui a été publiée hier par la *Liberté*. Il dit qu'il s'est rendu sur-le-champ auprès de M. Emile Ollivier pour l'engager à venir à la salle Molière, où il était certain de rencontrer M. Bancel; mais M. Emile Ollivier s'en est tenu à ses propositions, se mettant à la disposition de ses accusateurs pendant toute la semaine prochaine. Afin de ne porter atteinte aux convenances de personne, il serait facile de tout préparer pour le dimanche ou le lundi de la Pentecôte, jours de fête, et qui sont les derniers jours de la lutte.

Appelé à s'expliquer sur ces propositions, M. Bancel dit qu'il n'accepte pas cette lutte oratoire. C'est un adversaire politique qu'il combat; pour juge entre les deux, il ne saurait y avoir que le peuple souverain.

L'auditoire ne comprend pas ce refus ; car son bon sens lui dit que, lorsque le suffrage universel doit prononcer un de ses arrêts souverains, les plus nombreuses réunions sont toujours les meilleures. Il comprend d'autant moins que M. Bancel a fait précéder sa déclaration de principes de la lettre où est formulée l'accusation d'*indignité*.

Cet incident vidé, M. Bancel explique rapidement l'affiche rouge qui couvre les murs de la 3e circonscription. Puis les interpellations commencent.

Passons sur celles qui sont inconstitutionnelles, sur celles, plus importantes, qui ne touchent qu'au travail et à son organisation. Tout cela n'est pas le véritable terrain de la lutte électorale. Un auditeur le comprend, et, d'une voix fortement timbrée, qui retentit dans toutes les profondeurs de la salle, en termes nets, il pose cette question :

Si le pouvoir venait à vous, disant : Voilà toutes les libertés, pratiquez-les ! que feriez-vous ?

C'est là que commence la séparation entre M. Bancel et M. Emile Ollivier. Il est temps de sortir des généralités, et de répondre aussi catégoriquement qu'on a été interrogé.

La démocratie radicale est défiante, dit *Bancel; elle repousse les présents d'Artaxercès.*

(*Liberté* du 7 mai.)

Aux échappatoires de M. Bancel, qui évitait de répondre directement à la sommation de M. Emile Ollivier, celui-ci opposa la nouvelle lettre dont voici la teneur :

A monsieur D. Bancel.

Paris, 7 mai, 10 heures.

Monsieur,

Vous vous méprenez sur notre situation réciproque.

Vous n'êtes pas pour moi un simple concurrent, vous êtes le porte-voix d'une insulte.

Vous avez placardé sur tous les murs de notre circonscription un écrit dont vous avez pris la responsabilité en le présentant comme la raison d'être de votre candidature, et dans lequel je suis flétri comme INDIGNE de la confiance de la démocratie, apparemment pour avoir contribué à la conquête du droit de tenir les réunions dans lesquelles vous parlez !

Je vous ai demandé d'articuler votre insulte en ma présence, non pas à huis-clos et dans une salle étroite, mais dans un vaste local et avec l'assistance de sténographes !

Vous refusez !

Vous invoquez les principes élémentaires du suffrage universel. C'est un faux-fuyant, monsieur.

Il s'agit d'honneur et non de suffrage universel. Et le principe élémentaire de l'honneur est que, lorsqu'on a porté une accusation déshonorante contre un honnête homme, on ne se dérobe pas derrière les autres pour éviter de la soutenir.

Je ne considère votre refus que comme la conséquence d'un premier mouvement irréfléchi et dans lequel vous ne sauriez persister.

Agréez mes salutations empressées.

ÉMILE OLLIVIER.

M. Bancel se renferma cette fois dans un silence complet.

---

8 *mai.* — *Folies-Méricourt.*

M. Bancel arrive au milieu d'acclamations et de vivats.

Vous commencez à vous réveiller, dit-il, peuple de Paris, vous n'avez pas le droit de rentrer dans la servitude ! Les paysans mêmes réclament la liberté.

Abordant la question des cultes, M. Bancel dit qu'il ne faut pas les supprimer d'un seul coup, mais qu'il faut que l'Etat dise à l'Eglise : « Je ne vous connais pas. » Je pars pour Lyon y poursuivre, comme ici, l'alliance des peuples et de la bourgeoisie. Il faut supprimer l'esclavage et la misère. Vos destinées sont entre vos mains. Soyez dignes d'elles !

Un assistant regrette l'absence de M. Ollivier et demande à M. Bancel d'ajourner son départ. On l'interrompt, et il se produit un long tumulte, pendant lequel une partie de l'assistance imite des cris d'animaux.

M. Bancel clôt la séance en parlant de la liberté, du drapeau de la démocratie qu'il a emporté sur une terre étrangère. Il est applaudi et acclamé.

---

9 *mai.* — *Théâtre Déjazet.*

M. Monté donne un aperçu général des questions sociales et politiques soulevées en 1789 et 1815, en 1830 et en 1848. Celui qui a soulevé ces questions en 1815 doit être couvert de honte ; 1848 nous a conduits à Juin, et ce ne sont pas les combattants des barricades qui ont perdu la Révolution, mais ceux qui dirigeaient mal la République.

Il parle de la candidature de M. Ollivier et est interrompu. Il finit en rappelant que les travailleurs souffrent et que la propriété est mal répartie.

M. Acoyer-Spol demande la suppression du budget des cultes, de l'armée, de l'octroi, la liberté absolue des réunions et de la presse. Emile Ollivier a trahi la confiance des électeurs; nommons Bancel, qui ne vous conduirait pas seulement à la mairie du 3e arrondissement, *mais plus loin encore.* (*Applaudissements.*)

M. Durand votera pour M. Bancel, qui est loyal et qui a été persécuté. Il ne veut pas d'un culte qui est régi *par un souverain étranger et qui a inventé le péché originel et la piscine où on le lave.* (*Avertissement donné au bureau.* — *Protestations du président et de M. Briosne.*) Il faut en finir avec la situation actuelle ; nous n'avons jamais été si malheureux que depuis que nous sommes citoyens ; on dépense 58 millions pour l'Opéra, on n'a rien pour les invalides du travail. Notre destinée, c'est d'avoir le filet de Saint-Cloud pour suaire et la Morgue pour Panthéon. Un cheval de course est plus heureux que l'homme.

M. Briosne appuie les réclamations de M. Durand.

On a demandé des réformes à l'Empereur et rien ne s'est fait. Cet appui supérieur a mis la société sur le penchant de sa ruine! On n'a besoin de son maître que quand on est esclave! Un peuple ne doit demander sa liberté qu'à lui-même. Le salarié n'est pas libre! Après dix-huit années d'absolutisme, le problème social se lève devant nous comme en 1850; mais la dernière épreuve est faite! La France ne s'est pas donnée à l'Empire, un homme s'est trouvé qui a violé la loi; la conscience universelle le jugera! En attendant, ses œuvres le jugent et ne lui méritent que la sévérité générale. Sans le discours du citoyen Durand, *je n'aurais pas parlé de ces crimes...*

Ici le commissaire dissout l'assemblée.

L'orateur s'arrête, le président invite le public à se retirer; le tumulte continue pendant dix minutes, et quelques cris menaçants se font entendre du fond de la salle.

---

11 *mai. — Salle Molière,* 159, *rue Saint-Martin.*

Deux camps bien tranchés : d'un côté les partisans d'Emile Ollivier, de l'autre les partisans de Bancel; les premiers cherchant à défendre la candidature du député sortant, les seconds refusant de les laisser parler ; la réunion a été orageuse, et le président s'est vu dans la nécessité de menacer de quitter le bureau et de lever la séance, si l'assemblée n'écoutait pas les amis d'Emile Ollivier.

M. May, président, a pris la parole pour déclarer que, jusqu'alors, on s'était abstenu d'attaquer M. Emile Ollivier dans les réunions; mais que ce candidat, lui ayant dit d'une manière formelle qu'il ne se rendrait pas aux réunions, mais qu'il parlerait le 12, au théâtre du Châtelet, les électeurs feraient bien de ne pas se déranger pour lui, puisqu'il ne voulait pas se déranger pour eux.

M. Hurot a demandé à M. Emile Ollivier de permettre qu'il prît la parole au Châtelet. M. Ollivier a répondu négativement, mais a ajouté que, s'il organisait une nouvelle réunion, M. Hurot parlerait le premier.

M. Jumel a déclaré qu'il était partisan de M. Emile Ollivier. Il est commerçant et représente cette bourgeoisie de Paris qui veut la France grande et le progrès, mais le progrè par l'ordre et sans commotions, un progrès lent. (*Interruptions, murmures, cris : Il est trop lent.*)

La lutte ouverte dans la 3e circonscription est un drame. (*Explosion de mécontentement.*)

Le président insiste avec énergie pour que l'orateur soit écouté avec calme.

M. Jumel. M. Emile Ollivier a fait son devoir en devenant homme d'action. Pourquoi a-t-il fait des démarches ? Est-ce pour solliciter des honneurs ? Non, c'est pour défendre la démocratie. (*Interruption, tapage.*)

Le président. En n'écoutant pas, on fait de M. Emile Ollivier un martyr, comme à Rome.

M. Jumel. M. Émile Ollivier a obtenu le droit de coalition, la liberté de la presse, le droit de réunion publique ; il devrait être sacré pour vous. Le candidat Durier a parlé avec mépris du droit de réunion : un orateur du bureau lui a répondu que, si petite que soit cette liberté octroyée, on s'en est servi, on s'en servira, et l'on aura raison. Le candidat Bancel est le candidat de la Révolution. (*Bruyants applaudissements, cris : Vive Bancel !*)

Le président dit que si l'on veut faire du trouble, on a tort, *il faut se réserver pour le* 23.

M. Jumel. Quand les rouages du gouvernement ne fonctionnent plus, tout s'arrête. (*A la porte!*)

Le président. Moi aussi, je veux la révolution et la liberté, et la première de toutes les libertés est la liberté de la parole. Si on refuse d'écouter l'orateur, qu'on nomme un autre bureau.

L'orateur ne pouvant continuer à cause du bruit, le président demande à se retirer. On consulte l'assemblée, qui maintient le bureau.

M. Jumel fait de nouveaux efforts pour se faire entendre et enfin, ne pouvant y parvenir, se retire en disant : « On demande la liberté, on n'en est pas digne. »

M. Hayem lui succède et veut parler dans le même sens. « Si vous étiez des juges impartiaux, vous devriez entendre les deux candidats; vous avez entendu les explications franches de Bancel; allez entendre au Châtelet celles d'Emile Ollivier. » Si vous ne voulez pas discuter les deux candidatures, il est inutile que vous veniez ici. Je ne sais si vous auriez écouté M. Emile Ollivier lui-même, s'il était venu. (*Voix diverses : — Si! si! — Non! non! — Qu'il vienne, on verra.*)

M. Thirat aurait voulu que l'on entendît les orateurs de M. Emile Ollivier, parce qu'ils ne manqueront pas de répéter que l'on a refusé de les écouter; mais c'est de leur faute, ils auraient dû ne pas tyranniser l'assemblée. (*Applaudissements.*) Lui aussi est commerçant, et cependant partisan de Bancel. On reproche à Bancel d'être révolutionnaire. Oui, il veut la révolution, mais par les moyens légaux. Il est fils de 89 et veut reconquérir les droits par le vote. La première condition est la probité, la sincérité, et l'on va juger Emile Ollivier par ses publications.

L'orateur lit le portrait de M. de Morny par Emile Ollivier, et conclut que, avec de tels principes, M. Emile Ollivier n'est pas digne de représenter les électeurs.

M. Mathorel dit que M. Emile Ollivier n'a eu que de tristes défenseurs ; il le défendra mieux, mais il votera contre lui. Simple citoyen, M. Ollivier a droit à des remercîments pour les libertés qu'il a obtenues ; député, il doit être blâmé pour n'avoir pas exécuté le mandat qui lui avait été confié par les électeurs. « Au lieu de s'exposer à l'inconstance populaire, il a préféré se tourner vers le paratonnerre fixe qui est aux Tuileries ; renvoyons-le dans le département du Var, dont il n'était pas mandataire. »

M. Baume, rédacteur du journal le *Rappel*, proteste contre ces derniers mots. Le département du Var a fait preuve de virilité et a des hommes capables et énergiques. La dignité du Var repousse aussi la candidature de M. Emile Ollivier.

M. Latulle. M. Ollivier devait à ses électeurs de venir ici, il nous a fuis. Il a dit, dans sa profession de foi : « Si vous voulez la Révolution, ne me nommez pas. »

Pourquoi se sert-il de moyens employés à une autre époque, pour effrayer par la menace des révolutions? Pouvons-nous descendre à le réélire? Qu'est-il devenu? le mandataire d'un vice-roi d'Egypte.

On fait étalage des libertés obtenues par lui! A quel titre vient-il s'en parer? Est-il question de lui dans la lettre du 19 janvier? Tous ses écrits ne sont-ils pas la meilleure preuve qu'il sent le besoin de se défendre ?

Le président invite les assistants à ne pas se rendre à la réunion du Châtelet, une réunion devant avoir lieu le même soir à la salle Molière.

Le débat s'engage sur cette invitation.

M. Latulle fait observer que l'assemblée doit se rendre en masse au Châtelet, ne fût-ce que pour exercer son droit. Si on nous refuse l'entrée, sous prétexte que la salle est pleine, nous constaterons le refus et, au moins, les journaux ne pourront pas raconter que M. Emile Ollivier a obtenu des applaudissements unanimes.

Le mot d'ordre est : Au Châtelet ! On se sépare aux cris de : Oui, oui, accompagnés d'applaudissements.

---

12 *mai.* — *Théâtre du Châtelet.*

Présidence de M. DE CHAUNY.

Assesseurs : MM. PARIOT-LAURENT ET BARBIER

Lorsque M. Emile Ollivier entre dans la salle avec le bureau, une partie du public se lève et applaudit avec enthousiasme. Des sifflets éclatent en même temps dans diverses parties de la salle.

Le président essaye en vain de faire entendre sa voix : elle est couverte par un tumulte inexprimable.

Une voix dans l'auditoire. Laissez entrer le public au moins !

Voix nombreuses. A la porte !

M. le président. Si les portes n'ont pas été ouvertes à l'heure précise, cela est dû à l'intervention de la police et non à celle de votre bureau. Depuis deux heures, nous sommes à la porte sans pouvoir entrer, et c'est à peine si le citoyen Ollivier a pu se frayer un passage avec nous. (*Clameurs.*)

Voix diverses. Qu'on ouvre les portes !

M. le président. Je fais appel à votre bienveillance : je ne suis pas un orateur, mais je saurai maintenir l'ordre avec fermeté. (*Applaudissements.*) Je fais appel à votre loyauté.

Prouvez que vous êtes dignes d'être des citoyens.

Nous avons prié la police de laisser entrer tout le monde, et le citoyen Ollivier me charge de vous dire qu'il ne prendra la parole que lorsque la salle sera pleine. (*Applaudissements.*

Mais aussitôt après le tumulte redouble et empêche de nouveau le président de se faire entendre.

M. le président. La salle commence à être pleine. Je consulte l'assemblée pour savoir si elle veut accorder la parole à M. Emile Ollivier. La majorité décidera.

Une voix. Il n'y a pas de majorité ici; nous sommes tous égaux ! (*Interruption.*)

Un spectateur placé à la première galerie, à droite de la scène. — Citoyens, je demande la parole. (*Parlez ! parlez !*)

Citoyens, je vous supplie d'accorder un peu de silence à l'orateur. Nous ne pourrons rien savoir si nous n'écoutons pas ses explications... (*Quelques applaudissements. — Le tumulte continue.*) ....Montrons que nous sommes des citoyens intelligents. Ce n'est pas ainsi que l'on se conduit dans une assemblée. (*Applaudissements.*)

Citoyens, si vous attentez à la liberté, vous n'en êtes pas dignes ! (*Nouvelle et violente agitation.*)

M. le président. L'heure s'avance; vous savez qu'aux termes de la loi on doit fermer les portes à onze heures. Je vous en supplie... (*Interruption.*)

Permettez, laissez à M. Emile Ollivier... (*Nouvelle interruption.*)

Il est dix heures, nous n'avons que jusqu'à onze heures; permettez à M. Emile Ollivier de prendre la parole. (*Non ! non ! — Oui ! oui !*)

M. Emile Ollivier se lève pour parler.

Des applaudissements enthousiastes éclatent, mêlés de vives protestations.

M. le président. Je donne la parole à M. Emile Ollivier. (*Oui ! oui ! — Non ! non ! — Le tumulte est extrême.*)

Un spectateur se lève à la première galerie et adresse aux membres du bureau quelques paroles qui ne nous parviennent pas. (*Voix nombreuses : A la porte ! — Un jeune homme s'élance sur le bureau et veut parler au public.*)

M. le président. — Vous n'avez pas la parole.

Le jeune homme, se tournant vers M. Emile Ollivier. — C'est dans votre intérêt, monsieur Ollivier.

(Le commissaire de police intervient et fait comprendre, non sans peine, à cet ardent ami de l'éminent orateur qu'il n'a pas le droit de parler.) L'agitation continue.

Voix nombreuses. Ollivier! Ollivier! parlez! parlez!

M. Emile Ollivier. Je fais appel à vos sentiments.... (*Interruption. — Parlez! parlez!*) Je fais appel aux sentiments du public. (*Bruit.*)

Un spectateur placé aux secondes galeries interrompt violemment.

Plusieurs voix. A la porte!

Un spectateur. Vive la liberté!... (*Ecoutez! écoutez!*) Vive la liberté de la parole! (*Applaudissements.*)

M. Emile Ollivier. Citoyens, je fais appel aux sentiments de justice... (*Oh! oh! — Voix nombreuses : Bravo! bravo!*) qui dans une grande assemblée...

Une voix. Qui n'est pas pleine. (*Bruit.*)

M. Ollivier. Permettez...

Un spectateur. Vive Bancel! (*Nouveau bruit.*)

M. Emile Ollivier. .... qui dans une grande assemblée...

La même voix. Qui n'est pas pleine. (*A la porte! à la porte!*)

M. Emile Ollivier. ..... dans une grande assemblée réunie pour discuter des intérêts de la liberté et de la démocratie...

Une voix. Vous ne la connaissez pas, la démocratie. (*Bruit.*)

Voix nombreuses. Continuez! continuez!

M. Emile Ollivier, avec une grande énergie. Je n'aurai jamais remporté un triomphe oratoire égal à celui que vous me préparez si vous refusez de m'entendre. (*Longs et bruyants applaudissements. — Sensation profonde. — Vive Ollivier!*)

M. Emile Ollivier. Je me présente devant vous pour vous expliquer des principes...

Une voix. Pourquoi n'êtes-vous pas venu à la salle Molière? (*A la porte! à la porte!*)

M. le président. Faites silence, je vous prie, citoyens.

M. Emile Ollivier. Le peuple de Paris, citoyens, s'est

toujours distingué par la grandeur et la noblesse de ses instincts, et le plus noble et le plus grand des instincts, c'est celui de la justice. (*Applaudissements et bruits divers.*) Vos esprits sont très-excités ; pour les calmer un peu, laissez-moi vous raconter une anecdote charmante, qui pourra être pour vous une leçon et un conseil...

Un auditeur. Nous n'avons pas besoin de leçons. (*Bruit.*)

Voix nombreuses. Continuez! continuez!

M. Emile Ollivier. Dans l'antiquité, on croyait que les dieux prenaient quelquefois la forme humaine, qu'ils descendaient au milieu de nous et se mêlaient à notre vie. Or, au récit d'un des plus spirituels écrivains de ce temps, voici ce qui advint un jour au roi des dieux. Il était descendu sur la terre pour se distraire, lorsqu'au bord d'un chemin il fit la rencontre d'un paysan qui se rendait à son labeur. Il l'aborda et commença à s'entretenir avec lui. Le paysan, qui ne soupçonnait pas l'illustre interlocuteur auquel il mesurait sa faiblesse, se permit de le contredire : la discussion s'animant et le paysan ne voulant pas se rendre, Jupiter, à bout de raisons et de patience, démasqua sa divinité et menaça de sa foudre; à quoi l'homme des champs répondit sans se troubler : « Tu te fâches, Jupiter, c'est que tu as tort. » (*Applaudissements très-vifs de la plus grande partie de l'assemblée.*)

Un auditeur. C'est donc nous qui avons tort ?

M. Emile Ollivier. Oui, c'est vous qui avez tort. (*Agitation.*)

M. Emile Ollivier. En vérité, le spectacle auquel nous font assister quelques-uns des honorables citoyens qui sont ici présents est incompréhensible. (*Bruit.—Exclamations diverses.*)

Une voix. Nous ne sommes ici que comme spectateurs.

M. Emile Ollivier. Eh bien! alors, taisez-vous!... (*Très-bien! très-bien!*)

Ce spectacle que nous donnent quelques personnes me paraît incompréhensible. Ils croient avoir dit la vérité; ils sont convaincus que j'ai démérité de la démocratie. (*Oui! oui! — Non! non! — Violente agitation.*)

J'ai la conviction profonde que leurs doctrines et que leurs pratiques perdent la démocratie et la liberté. (*Interruption.*)

Oui, dans mon opinion, vous, messieurs, qui m'interrompez, vous êtes les ennemis les plus redoutables du peuple, vous le perdez... (*Bruyants applaudissements mêlés de violentes protestations.*)

Voix nombreuses. Parlez! parlez!

Une voix. C'est l'exacte vérité! (*Nouvelle agitation.*)

M. Emile Ollivier. Assurément, s'il m'était resté dans l'esprit le moindre doute sur la rectitude, sur l'efficacité de la conduite que j'ai suivie, ce doute serait dissipé par la violence déployée par la minorité de cette assemblée pour étouffer ma parole sous des clameurs préméditées. (*Applaudissements. — Protestations.*)

Plusieurs voix. Il n'y a pas de minorité ici! (*Vive agitation.*)

Le président. Faites silence, citoyens, je vous en prie.

M. Emile Ollivier. Il est temps, messieurs, que l'assemblée se décide à garder le silence. Je ne vous demande pas de la sympathie, mais j'exige de la tolérance.

Je réclame la possibilité matérielle de vous expliquer mes principes. (*Applaudissements. — Parlez! parlez!*)

Messieurs, la question qui s'agite aujourd'hui devant le corps électoral est d'une extrême gravité, et pour que chacun de vous puisse la résoudre en connaissance de cause, il est indispensable de la préciser.

Je ne suppose pas que, dans ce qui se passe dans cette réunion, il y ait quoi que ce soit qui ressemble à une animosité personnelle. C'est donc une conviction ardente qui vous pousse jusqu'à l'impatience contre les opinions que vous ne partagez pas. En regrettant que votre conviction soit aussi déréglée, je la respecte, je l'honore.

Mais, moi aussi, j'ai une conviction ardente; elle est le résultat de tout le travail qu'un homme peut consacrer à la recherche de la vérité; et je vous jure devant Dieu qui nous entend... (*Interruption.*)

Une voix. Qu'est-ce que c'est que ça, Dieu?

M. Emile Ollivier. Oui, devant Dieu (*Applaudissements*) que si je me suis trompé, c'est involontairement, et après avoir tenté tous les efforts qu'il est donné à une intelligence humaine de faire pour éviter l'erreur. Je suis prêt à écouter ceux qui voudront me démontrer que je chemine dans la mauvaise route. Si l'on me convainc, je n'hésiterai pas à m'accuser moi-même (*Sensation*) ; jusque-là, écoutez en hommes de cœur et en hommes d'intelligence les motifs qui m'ont déterminé. (*Parlez! parlez!*)

Avant de m'engager dans cette discussion, lorsque je promène mes regards sur cette réunion, dans laquelle je compte et des amis et des adversaires, je ne puis retenir sur mes lèvres une parole de reconnaissance pour tous ceux qui se sont rendus dans cette enceinte malgré les difficultés de l'accès... (*Applaudissements.*)

Je vous remercie tous également. Vous, ô mes amis, je vous remercie ; votre présence est pour moi une force et une joie. Je vous remercie, vous, ô mes adversaires, votre présence est pour moi un espoir ; car vous serez frappés par l'évidence des idées que je vais exposer.

Une voix. Jamais ! (*On rit.*)

Une autre voix. Jamais! c'est joli, le mot de M. Rouher !

M. Émile Ollivier. Quelle est donc la question solennelle que le peuple, dans ses comices, va être appelé à résoudre le 23 et le 24 de ce mois?. La question de la liberté.

N'équivoquons pas.

Je n'ai jamais soutenu que la liberté fût une concession volontaire, une faveur octroyée : la liberté est un droit inaliénable, imprescriptible. Elle ne dépend pas plus des monarques que des peuples : c'est l'apanage de tout être humain. La volonté d'un seul ne peut pas plus contre elle que la volonté de tous. Et j'ai formellement établi qu'une nation entière, fût-elle d'accord moins un pour refuser la liberté de conscience, par exemple, elle commettrait un attentat. (*Applaudissements.*)

Seulement, la liberté, comme toute chose humaine, a ses conditions d'existence. Elles sont au nombre de deux : l'égalité, l'ordre. Sans égalité, la liberté n'est qu'un privilége pour quelques-uns. Sans l'ordre, elle conduit au pire des despotismes.

Si tout être humain est libre, il en résulte d'abord qu'il a droit d'intervenir dans le choix de son gouvernement; et qu'ensuite son gouvernement choisi, il a le droit de le surveiller, de le contrôler, de le diriger.

Qui donc dans le parti démocratique a établi ces principes avec plus de constance et de fermeté que celui qui a l'honneur de vous adresser la parole?

Une voix. Non! (Silence! laissez parler!)

M. Emile Ollivier. Vous dites non. Je vous réponds : La liberté sous toutes ses formes, dans toutes ses applications, dans toutes ses conséquences, n'a pas eu de défenseur plus persévérant, plus infatigable et plus utile que celui qui a parlé pendant six ans en votre nom.

Voix nombreuses. C'est vrai! c'est vrai!

Une voix. C'est à lui que vous devez tout ce que vous avez obtenu!

M. Emile Ollivier. N'est-ce pas moi qui ai eu l'honneur d'être le rapporteur de la loi sur les coalitions? Si les ouvriers se sont rappelés, après vingt-cinq ans, que Berryer les avait défendus dans un procès de coalition, comment pourraient-ils oublier celui qui leur a conquis un droit que leur ont refusé la première République, la Restauration, le gouvernement de Juillet, la République de 48?

A l'égard de la presse, n'ai-je pas demandé pour elle plus que celui qui a été mon prédécesseur dans ce collége électoral, Benjamin Constant, plus que ne demandent les députés de la gauche? Le jury ne me suffit pas. Ce que je veux pour la pensée humaine, c'est l'immunité complète. Je distingue l'acte de l'opinion. L'acte tombe sous l'action du Code pénal. L'opinion, jamais elle n'engage que la responsabilité intellectuelle ou morale de celui qui l'émet.

Voilà ma théorie.

Dans aucun temps, dans aucun pays, aucun penseur n'a affirmé avec autant de résolution, et en la poussant à de telles conséquences, la liberté de la pensée humaine. Et lorsque l'Espagne, après sa révolution, a cherché parmi toutes les conceptions sur la liberté de la presse celle qui répondrait le mieux à l'idéal de la liberté d'un peuple qui vient de se soulever, elle a adopté le projet du député de la 3e circonscription de la Seine. Oui, ce projet, qui a été repoussé par le Corps législatif de France, est aujourd'hui la législation vivante du dernier peuple qui se soit émancipé. (*Longs applaudissements.*)

Que n'ai-je pas fait aussi pour le droit de réunion ? Le droit de réunion est le droit populaire par excellence. Et ne croyez pas que je parle ainsi pour vous flatter.

Si vous daignez m'écouter jusqu'au bout, vous verrez que je ne me préoccupe pas de savoir si mes paroles vous plaisent ou vous déplaisent, et que ma seule préoccupation est de dire ce que ma conscience m'inspire. (*Très-bien! très-bien!*)

La liberté de la presse, supposez-la aussi étendue que vous

le voudrez, restera un droit aristocratique ; pour l'exercer, il faut le capital argent, le capital instruction, ce double capital que beaucoup sont loin de posséder. Tandis qu'il suffit d'être homme pour exercer le droit de réunion, pour s'associer à cet espèce d'agape intellectuelle que le droit de réunion prépare pour tous. (*Vifs applaudissements suivis de quelques protestations.*)

Messieurs, je vous en prie : ne m'applaudissez pas quand vous êtes de mon avis, le silence est la meilleure manière de me témoigner votre sympathie.

Le droit de réunion n'est pas seulement le droit populaire, c'est de plus le droit éducateur. Quand les hommes se rapprochent, ils s'émeuvent sans doute, mais ils s'améliorent aussi. Au début, il y a plus de trouble que d'amélioration : les orateurs sont inexpérimentés; ils dépassent les limites de la loi; ils sont violents, excessifs ; l'auditoire est intolérant : tous ressemblent aux enfants auxquels on remet une arme et qui se blessent; mais peu à peu les mœurs publiques se forment, le sentiment du respect entre dans les âmes et les anoblit.

Les plus impétueux s'habituent à entendre sans colère une opinion qu'ils ne partagent pas. Et dans cet acte de possession de soi-même, dans cette contrainte exercée sur une volonté que la passion maîtrisait, chacun finit par ressentir une joie aussi superbe que celle que nous éprouvons lorsque nous avons dompté les forces de la nature ! Et alors se constitue ce qui dans une nation est supérieur aux institutions des hommes, aux formes de gouvernement, nobles, intelligents, qui comprennent, qui savent, surtout qui sentent, d'un cœur droit et vivant !

Pour obtenir le droit de réunion, j'ai obsédé les pouvoirs publics, j'ai fatigué de mes réclamations les oreilles des puissants, jusqu'à ce qu'ils aient laissé tombé de leurs mains ce droit des peuples. (*Applaudissements.*)

N'invoquez pas, pour vous dispenser de la gratitude, les entraves qui entourent ce droit. Ces entraves n'empêchent pas le progrès d'être sérieux. Est-ce qu'en 1857 et en 1863 vous aviez la faculté d'entendre des orateurs qui vous sont chers? Est-ce que vous aviez le droit de vous rassembler dans une salle comme celle-ci et de donner un libre cours à vos sentiments et à vos opinions? Qu'était alors le vote? Un acte clandestin : on allait isolément au scrutin, osant à peine manifester sa préférence ; et je me rappelle qu'en 1857, lorsque nous nous réunîmes dans une maison rue des Bourdonnais, avec de nobles amis que je retrouve ici et qui me continuent l'amitié des premiers jours, nous nous glissions comme des ombres, regardant autour de nous à droite et à gauche. Quand nous fûmes réunis au nombre de quinze ou vingt dans cette demeure, nous considérions presque comme héroïque le citoyen qui nous recevait, et nous avions le recueillement solennel de ceux sur la tête desquels pèse un danger! Aujourd'hui, le vote s'accomplit en pleine lumière. Je puis vous parler librement, et tous les jours des réunions semblables à celle-ci ont lieu sur tous les points de Paris et de la France. Ce n'est qu'un commencement, soit; mais le jour lui-même ne vient pas tout d'un coup, l'aube le précède. (*Applaudissements prolongés.*)

Une voix. — C'est l'opinion publique qui a fait cela. (*Agitation.*)

M. Emile Ollivier. — On me dit : C'est l'opinion publique qui a fait cela. Sans doute, c'est l'opinion publique. Ma force est d'être le serviteur de l'opinion publique. (*Applaudissements suivis de manifestations en sens contraires.*)

Si je n'avais pas parlé au nom de l'opinion publique, que serais-je donc, citoyens? (Oh! oh! — Oui! oui!)

Ma force, c'est celle de l'opinion publique. Je ne m'attribue aucun mérite personnel; j'ai été un instrument, et j'ai fait vis-à-vis de vous ce que fait le serviteur qui, avant de partir le matin pour les champs, demande les instructions à son maître, et qui, revenu le soir, dit : Maître, soyez content, j'ai bien travaillé! (Non! non! — Si! si!)

Une voix. — L'opinion publique ne vous a pas envoyé dans les antichambres. (*Vive agitation!*)

Voix nombreuses. — Ne répondez pas! Continuez! continuez!

M. Emile Ollivier. — Je continue.

Etre libre chez soi, c'est beaucoup; ce n'est pas tout. Il faut que le principe de liberté soit encore appliqué et reconnu dans les relations avec les peuples étrangers.

Ce principe de liberté dans ses relations avec les peuples étrangers, on l'appelle le principe des nationalités.

Le principe des nationalités ne signifie pas qu'au dix-neuvième siècle, après tant de remaniements opérés dans l'Europe, chacune des anciennes races doive se reconstituer; ce serait un anachronisme. Il signifie que chaque peuple n'a d'autre juge de sa destinée que lui-même, et qu'il doit vivre, s'organiser et se développer selon la forme que, dans sa volonté souveraine, il estime conforme à ses intérêts.

Le principe des nationalités étant l'application aux relations extérieures de la liberté que je viens de définir dans les relations intérieures, je l'ai défendu avec autant d'énergie que la liberté de la presse et que le droit de réunion.

Je ne connais personne dans le parti démocratique, ici ou au dehors, qui ait le droit de se dire plus libéral que moi.

Le désaccord entre une partie de la démocratie et moi n'est pas sur la liberté elle-même, mais sur la manière de l'obtenir.

Doit-elle être obtenue révolutionnairement ou constitutionnellement ?

Mes adversaires pensent qu'elle ne peut être obtenue que révolutionnairement ; je pense qu'elle ne peut être obtenue que constitutionnellement. Voilà le désaccord entre nous.

Je ne veux pas l'atténuer. Seulement, je voudrais vous initier au travail par lequel mon propre esprit est passé avant d'arriver à mes résolutions actuelles.

La politique est une science expérimentale.

Pendant longtemps, qu'il s'agît de politique, de philosophie, de science sociale, voici comment procédait l'esprit humain :

Il formulait un principe arbitraire, et, ce principe posé, il en déduisait un certain nombre de conséquences, et de ces conséquences il faisait des règles de conduite. Dans toutes les directions il procédait comme procéda Christophe Colomb lorsqu'il partit pour aller découvrir l'Amérique. Un navigateur de nos jours ne se mettrait en route que sur des indications scientifiques. Le Gênois fut emporté par une intuition mystique; ayant lu dans de vieux livres que le paradis terrestre devait être à l'ouest, il s'embarqua plein de foi et d'audace.

Quand ses compagnons n'aperçurent plus que le ciel et l'eau, et toujours le ciel et l'eau, ils s'impatientèrent, se révoltèrent, et ils l'enchaînèrent pour l'obliger à revenir. Et lui, l'homme de foi, il répondait : « A l'ouest, enfants, la route est à l'ouest. »

Il n'arriva pas au paradis terrestre, mais il découvrit l'Amérique.

L'esprit humain se conduisit ainsi jusqu'à ce que deux hommes, dont l'un se nommait Galilée et l'autre Bacon, eussent opéré une révolution scientifique, qui a été la mère de toutes les révolutions. Quand vous voulez, dirent-ils, établir une loi, au lieu de regarder en haut, regardez en bas ; au lieu de vous perdre dans les abstractions, expérimentez, observez, recueillez les faits, examinez-les, chassez-les par groupes et déduisez-en des lois.

Descartes appliqua à la philosophie la méthode expérimentale. De nos jours, un esprit puissant, auquel je rends hommage, quoique je ne partage pas ses opinions, Auguste Comte, l'a étendue aux sciences sociales. Machiavel l'a employée le premier dans l'étude de la politique.

J'ai soumis à cette méthode expérimentale les faits de la politique contemporaine, et de cette étude est résultée pour moi la preuve que les procédés révolutionnaires sont aussi impuissants que les procédés constitutionnels sont efficaces.

Voyez d'abord ce qui s'est passé en Italie.

L'Italie était, selon le langage des poëtes, l'asile des douleurs; depuis trois siècles, par la voix de ses martyrs, elle réclamait de devenir une patrie. En 1848, la Révolution le lui promet. Manin proclama la république à Venise, Mazzini à Rome, Guerrazzi à Florence. Mais au bout de quelques mois toutes ces républiques furent balayées, et la malheureuse Italie retomba dans sa servitude séculaire.

Après le désastre, Daniel Manin s'achemina vers la terre hospitalière, la France. La mort le guettait au rivage; elle lui arracha successivement sa femme, sa fille, et ne lui laissa plus à aimer que sa patrie. Ses jours et ses nuits se passèrent dès lors à chercher comment il pourrait la bien servir.

Il y avait sur le trône de Savoie un roi appelé Victor-Emmanuel; à côté de ce roi un ministre nommé Cavour; en face de ce roi et de ce ministre des adversaires héroïques, appelés Mazzini et Garibaldi.

Entraîné par l'intuition que donne la souffrance, l'exilé s'adressa successivement à tous ces hommes.

Au roi il dit : « Fais-toi le soldat de la délivrance de l'Italie, et moi, républicain, je t'aiderai. »

Au ministre il dit : « Abandonne tes idées fédéralistes, deviens l'instrument de la délivrance de ma patrie, et moi, républicain, je te serai dévoué. »

A Mazzini il dit : « Sors de la scène politique et laisse le roi Victor-Emmanuel accomplir l'œuvre nationale; alors, moi qui suis républicain comme toi, je te bénirai. »

A Garibaldi il dit : « Tire ta vaillante épée, appelle tes volontaires, et sur ta bannière d'honneur et de gloire inscris à côté du mot de patrie ce nom Victor-Emmanuel, et alors, au nom de la patrie en larmes, je te proclamerai héros. »

Ce langage fut entendu. Le roi répondit : « Je serai le soldat d'Italie. « Le ministre répondit : « Je servirai l'unité. »

Quant à Mazzini, voici ce qu'il fit : Un jour, à cinq heures du matin, Cavour était dans son cabinet, l'heure à laquelle il donnait ses audiences. On lui annonce qu'un Anglais désirait l'entretenir.

Une voix. A quand les explications ? (*Bruit.*)

Une voix. Nous savons que vous êtes un orateur. Parlez de la France.

Une autre voix. A la question !

M. Emile Ollivier. J'y suis trop dans la question, et c'est pour cela que vous m'interrompez ; patience, successivement j'aborderai toutes les parties de ma conduite.

Je disais que Cavour était dans son cabinet à cinq heures du matin, lorsqu'on lui annonça qu'un Anglais désirait l'entretenir. Qu'on l'introduise, répondit Cavour. Alors, dans la langue la plus pure, l'Anglais dit au ministre italien : « J'ai une certaine action sur la révolution européenne, et je viens la mettre à votre service si vous voulez commencer par faire l'unité de l'Italie. — Pour la faire, répondit Cavour, j'ai un autre moyen. » Il songeait à l'épée de la France.

La conversation, ainsi commencée, s'anima, et à un moment l'Anglais, au lieu de la langue de Shakespeare, employa la langue de Dante. Cavour lui dit :

— Alors, pour un Anglais, vous parlez l'italien à merveille.

— C'est que je suis un Italien comme vous. J'ai été condamné deux fois à mort, et l'on dit que je manque de courage. Je m'appelle Mazzini.

Ces deux hommes se serrèrent la main, et dès lors Mazzini ne fit plus d'obstacle à l'entreprise de Victor-Emmanuel et de son ministre.

Quant à Garibaldi, c'est avec le nom du roi pour signe de ralliement que lui, républicain, partit pour la Sicile, et à Palerme il dit au peuple :

« Deux hommes seuls ne vous tromperont pas : le roi Victor-Emmanuel et moi. »

Grâce à cet accord des républicains et d'un roi, l'unité de l'Italie, que les procédés révolutionnaires avaient été impuissants à réaliser en 1848, s'est opérée en 1858, par des procédés constitutionnels. (*Applaudissements.*)

Quelques voix. Et les élections?

M. Emile Ollivier. Vous allez voir, si vous voulez bien continuer à me prêter votre attention, que je n'éluderai aucune difficulté; je n'ai l'habitude de reculer ni devant rien ni devant personne. (*Agitation.*)

Plusieurs voix. A la question! il est tard.

M. Emile Ollivier. Ce n'est pas ma faute; si vous aviez voulu m'entendre de suite, au lieu de me laisser une heure assis, nous serions beaucoup plus avancés. (*Interruption.*)

Le résultat que je viens de vous montrer en Italie, et si j'avais le temps d'entrer dans des développements, je vous le ferais voir en Hongrie, où le mouvement révolutionnaire échoue avec Kossuth, et où le mouvement constitutionnel réussit avec Deak; je vous le montrerais en Allemagne, où l'unité échoue avec les révolutionnaires à Francfort, et réussit avec le roi de Prusse et M. de Bismark. (*Bruyante interruption.*)

Une voix. Il réussit avec les baïonnettes. (*Oui! oui!* (*Réclamations.*)

M. Emile Ollivier. En France... (*Ah! ah!*) Je n'en suis jamais sorti. (*Vifs applaudissements. — Violentes réclamations.*) et vous le comprenez à merveille. En France, à toutes les époques, les grands hommes politiques dont je suis l'humble disciple...

Une voix. De Morny? (*Approbations. — Réclamations.*)

Une voix, à la droite de l'orateur. — Nous voulons des explications sur votre conduite, et pas autre chose. (*Applaudissements.*)

M. Emile Ollivier. — Je vous les donne; les principes d'abord, les détails viendront ensuite.

Plusieurs voix. Il est trop tard! (*Laissez parler! — Bruits.*)

M. Emile Ollivier. — Tous les hommes politiques, dont je suis l'humble disciple, ont reconnu qu'une révolution est presque toujours un échec pour la liberté, parce qu'après beaucoup de malheurs elle aboutit à une dictature et à un despotisme. (*Applaudissements.*)

M. Emile Ollivier. — De toutes ces observations résulte la conduite à tenir pour conquérir la liberté. Il faut avoir recours aux moyens constitutionnels et non aux moyens révolutionnaires; il faut tendre à l'amélioration de ce gouvernement et non à son renversement.

On objecte que ce gouvernement est issu d'une révolution, d'un coup d'Etat... — (*Oui! — Interruptions!*)

Une voix. Et votre opinion sur le coup d'Etat?

M. Emile Ollivier. Je n'ai pas besoin de la dire; je l'ai écrite.

Une voix. Tout le monde la connaît.

M. Emile Ollivier. Si ce gouvernement n'avait pour légitimité qu'un coup d'Etat, jamais je ne lui aurais prêté serment; sa légitimité n'est pas dans un soup d'Etat. (*Oh! — — Violente interruption. — Cris*).

....Laissez-moi finir ma pensée; sa légitimité n'est pas dans un coup d'Etat : elle est dans le suffrage universel, dans les plébiscites populaires, auxquels je ne me suis pas associé, qui l'ont institué et confirmé. (*Interruptions.*)

....Si toute la politique du parti démocratique doit consister à protester contre un coup d'Etat (*Oui! oui! — Laissez parler!*)

Il n'y avait qu'une conduite digne, ferme, énergique, honorable à tenir, c'était de suivre l'exemple de Victor Hugo, du général Cavaignac, de Charras...

Plusieurs voix. De Bancel, de votre père, de Baudin! (*Oui! Oui! — Bruit.*)

M. Emile Ollivier. Il n'y avait qu'une conduite digne, noble, ferme : c'était de refuser le serment. (*Non! non! Si! si! — Interruptions.*)

Quiconque prête le serment reconnaît par cela même qu'il accepte le gouvernement comme régulier et légitime (*Non! non! Si! si! — Vive interruption.*)

Et la preuve qu'en parlant ainsi je n'exprime pas une opinion qui me soit personnelle, je la tire des lettres dans lesquelles des hommes de conscience déclarent que, ne voulant pas perdre le droit de protester contre le coup d'Etat, ils refusent toute candidature. Mais prêter serment à un gouvernement en déclarant d'avance qu'on ne le tiendra pas, prêter un serment pour le violer, c'est une indignité! (*Vifs applaudissements. — Bruyante interruption.*)

M. Emile Ollivier reprenant avec force. — Oui, je le répète, prêter un serment pour le violer, c'est une indignité. (*Nouveaux applaudissements, nouvelle interruption.*)

Permettez! Chacun est maître de sa conscience; si vous trouvez que la mienne a mal interprété le serment, vous voterez contre moi. (*Oui! oui! c'est ce que nous ferons! — Non! non! non!*)

Mais en ce moment vous avez un devoir, c'est de m'écouter. (*Non! non! — Oui! oui!*)

L'orateur avait à peine prononcé ces derniers mots, que deux spectateurs assis au parterre se précipitent l'un sur l'autre; la foule se lève, le tumulte devient tel que le commissaire de police dissout l'assemblée à onze heures et demie.

Aussitôt, pendant qu'une partie des auditeurs crie : Vive Bancel! la majorité de l'assemblée applaudit et crie avec force : Vive Emile Ollivier! Ceux qui entourent l'orateur le félicitent, puis l'emportent en triomphe.

On se sépare au milieu d'une agitation indicible.

(*Le Peuple.*)

---

13 *mai. — Salle de la Redoute.*

M. Bancel a répété ses déclarations précédentes. Il est, dit-il, candidat démagogue, mais n'est ni jacobin ni montagnard.

Il flétrit l'ancien régime, exalte la Constituante et la Convention, et est vivement applaudi.

---

14 *mai. — Salle Molière.*

La salle Molière présentait hier soir un aspect tout à fait inaccoutumé. On sentait que les événements de la veille et de l'avant-veille avaient porté leur enseignement. Pas le moindre tumulte à l'entrée.

Dans la salle, chacun, en causant avec ses voisins, recommandait le calme. Autour des colonnes, dans les groupes, on disait qu'on jugerait et qu'on voterait d'autant plus sainement et avec une connaissance de cause d'autant plus grande qu'on aurait donné toute liberté, toute latitude aux opinions diverses de se produire.

Le bureau se fait l'interprète de ces sentiments. Le président d'abord, puis M. Albert May, réclament en fort bons termes l'ordre le plus strict et la tolérance universelle. Ils condamnent les violences commises sur la voie publique, les bris de chaises, de glaces et de lanternes. Ce n'est pas avec de semblables destructions que s'affirme une opinion loyale et sincère.

L'assemblée écoute favorablement ces paroles.

Il en est de même d'un orateur qui combat ce qu'a dit M. Emile Ollivier au théâtre du Châtelet. Le calme continue pendant que parle **M. Garnier** qui revendique les conquêtes des révolutions. La simplicité de ce dernier orateur cache une profonde habileté. Il fait une véritable leçon d'histoire, et on l'écoute sans ennui ni fatigue, même avec sympathie. La passion n'est pas encore déchaînée.

Mais quand arrive à la tribune M. Léon Caën, le tumulte commence.

Il veut expliquer pourquoi il votera pour M. Emile Ollivier après avoir penché un instant du côté de M. Bancel; on ne l'écoute pas.

Tous les efforts du président ne parviennent qu'à ouvrir passage à quelques phrases entrecoupées. Les cris empêchent sans cesse l'orateur de suivre le fil de ses idées. On distingue cependant qu'il votera pour M. Emile Ollivier, parce que c'est le candidat de l'opposition libérale constitutionnelle, tandis que M. Bancel ne représente que l'opposition systématique, irréconciliable; d'où il résulte qu'avec ce dernier on ne saurait arriver à la conquête de la liberté que par une révolution ou par un coup d'Etat.

L'assemblée ne veut plus écouter que ce qui flatte ses passions. Sous les galeries, et notamment autour des colonnes de gauche, se réfugient ceux que n'amusent ni le vacarme ni les vociférations.

Un jeune homme qu'on nous dit être fils d'un ancien représentant du peuple, monte à la tribune. Après avoir regretté qu'on n'ait point permis au précédent orateur de compléter ses explications, il se prononce avec énergie pour l'opposition irréconciliable. Il crie plutôt qu'il ne parle. Dans la foule on craint qu'il ne se rompe la poitrine. Il est pour M. Bancel, parce que lui seul représente les idées et les principes de la Révolution, qu'il saura revendiquer sans jamais capituler.

Mais voici l'incident grave. M. Dubosc repousse M. Emile Ollivier, qu'il accuse d'immoralité politique. Et la preuve, il la tient de M. Jules Simon. Pendant qu'on étudiait la loi sur les coalitions dans les bureaux du Corps législatif, l'amendement de la gauche disparut. M. Jules Simon le chercha partout, aidé par M. Thoinnet de la Turmélière. A la fin, celui-ci n'y tint plus.

— Votre amendement, dit-il, est dans la poche de M. Emile Ollivier.

Cette anecdote, qui a produit une impression pénible sur l'assemblée, n'a de grave que le nom de M. Jules Simon mêlé dans ce débat. Quiconque, en effet, connaît notre mécanisme législatif sait parfaitement que les amendements doivent être remis au président, et qu'après cette remise il n'est au pouvoir de personne, pas plus de M. Emile Ollivier que de tout autre, de les escamoter. Ce ne serait donc qu'un fait mal dit et un enfantillage, comme il s'en produit un si grand nombre dans les réunions électorales, si on n'avait aussi fortement insisté pour mettre dans le débat M. Jules Simon.

Nous avons pris aussi nos informations, et nous avons appris que c'était M. Ernest Picard qui avait retardé de vingt-quatre ou de quarante-huit heures la remise de l'amendement au président, afin d'éviter une rupture que provoquait cet amendement. Elle ne put être évitée plus longtemps; l'amendement fut remis et eut son rang dans la discussion.

Quant à M. Jules Simon, il s'empressera sans doute de démentir la narration qu'on lui prête. Il ne voudra pas qu'on rappelle les *dix mille gredins* qui avaient une place si large dans les préoccupations de sa pensée, au grand étonnement de MM. Buffet, Chevandier de Valdrôme et autres membres de la commission.

La porte était ouverte aux niaiseries par l'anecdote qu'avait criée cet électeur. Elles ont défilé à la tribune jusqu'au moment où un orateur se présente pour dire le bien qu'il pense de M. Emile Ollivier. On ne veut pas l'écouter; le tumulte recommence de plus belle; les gens paisibles quittent la salle. Tous les bas-côtés se vident.

Une parole qu'à son fort accent on reconnaît pour venir de l'Auvergne retient un instant ceux qui ne sont pas encore partis. On rit, on s'amuse, et la séance est levée après que le président a recommandé l'ordre et le calme dans la rue.

Malgré cela, il y a eu des attroupements dans la rue Saint-Martin. Les sergents de ville les ont promptement dissipés. Ajoutons qu'en général les électeurs ne s'arrêtent pas dans ces groupes. Les jeunes gens y sont en majorité. (*Liberté.*)

On avait pensé que M. Bancel reviendrait de la Drôme pour répondre enfin à M. Emile Ollivier avant la clôture des réunions électorales. *La Liberté* avait proposé une réunion publique dans un local situé rue Le Peletier et appartenant à M. Emile de Girardin.

A cette proposition, *le Siècle* avait fait la réponse suivante :

M. Bancel arrive demain matin dimanche à Paris.

Nous nous croyons suffisamment autorisés à déclarer qu'à partir du moment de son arrivée il se tiendra, — ainsi qu'il l'a dit avant son départ, — à la disposition des organisateurs de cette réunion ou de toute autre, composée d'amis, d'adversaires ou d'indifférents. — Eugène Ténot.

Malheureusement, ni la réunion annoncée le dimanche 16 à la Redoute, ni la réunion éventuellement acceptée par *le Siècle* n'ont pu avoir lieu, M. Bancel ayant été pris à Valence d'une indisposition qui ne lui a permis de rentrer à Paris que le 18, au moment même où finissait la période des réunions publiques.

Le dimanche soir, à la porte de la salle de la Redoute, on lisait sur deux affiches :

Avis. — Vous êtes prié de porter à la connaissance des électeurs de la 3e circonscription que M. Bancel, étant retenu dans la Drôme par des circonstances indépendantes de sa volonté, la réunion publique qui avait été annoncée pour ce soir, salle de la Redoute, rue Jean-Jacques-Rousseau, 30, n'aura pas lieu.

---

17 *mai. — Salle de la Redoute.*

M. Montarel parle d'un programme où il est question de fonder une *société préservatrice du genre humain dont tout le monde devra faire partie.* (*Rires. — Assez !*)

M. Grandin traite du libre-échange et du répertoire de l'Odéon (Faites donc une profession de foi politique !) ; il répond à M. Albert May qu'il n'a pas étudié la question des octrois.

M. May. — Quel est le citoyen Grandin ? Nous ne le connaissons pas.

L'orateur examine les candidats. (*Vive Bancel ! vive Bancel ! Quelques voix* : *Vive Ollivier !*)

M. Lebreton parle de M. Ollivier. Il ne faut pas s'occuper de cet homme qui s'est laissé rouler par de Morny. Le gouvernement est plus libéral qu'Emile Ollivier... C'est à nous d'exécuter Em. Ollivier et non à Bancel. (*Vive Bancel ! vive Bancel !*)

M. Sébille trouve qu'on a donné trop d'importance à la question du Châtelet; il considère la candidature de M. Grandin comme « une blague »; M. Bancel lui paraît l'homme de la situation. (*Vive Bancel!*)

M. Héligon attaque M. Ollivier.

M. May. Ollivier est officiel dans le Var et officieux à Paris. (*Protestations.*)

M. Jumelle veut défendre M. Ollivier; il ne peut se faire entendre.

Autre compte rendu.

M. Gustave Grandin, le jeune candidat du commerce, expose ses idées et ses vues sociales. L'assemblée témoigne quelque impatience, et M. G. Grandin se retire modestement pour laisser la place à divers orateurs, qui attaquent et défendent la candidature de M. Emile Ollivier.

L'un d'eux prononce cette phrase : « Puisque M. Emile Ollivier fait l'éloge de M. de Bismark, cela veut dire qu'il nous gouvernerait un jour comme le ministre Bismark gouverne les Prussiens. »

M. Jumelle, négociant, présent dans la salle, s'écrie : « C'est une indignité! »

L'assemblée lui donne la parole, qu'elle retire au précédent orateur.

M. Jumelle réfute toutes les attaques portées contre M. E. Ollivier et ses amis.

Il dit qu'il a rougi d'indignation en entendant les paroles dites tout à l'heure à une assemblée française.

Et il termine par ces mots : « Mais il sortira triomphant de l'urne électorale, ce nom que le peuple saluera un jour de ce cri célèbre : *Il a bien mérité de la patrie!* »

(*Nombreux bravos suivis de quelques murmures.*)

Après le citoyen Jumelle, le jeune organisateur des réunions populaires de la salle Molière s'est plaint des rigueurs de l'ordonnance du préfet qui interdisait toute réunion non politique jusqu'au 25 courant.

Dura lex, sed lex. (*National.*)

La période des réunions étant fermée sans qu'il lui eût été possible d'obtenir un débat contradictoire avec M.

Bancel, M. Ollivier a fait afficher l'adresse suivante aux électeurs :

Électeurs !

Quand je provoque mes adversaires à justifier leurs injures, ils fuient ;

Quand je me présente dans une réunion publique pour m'expliquer, ils essayent d'étouffer ma voix ;

Quand je leur reproche de vouloir un renversement : n'osant ni le nier, ni l'avouer, ils se cachent dans une imposture, et ils disent que je suis candidat officiel.

Qui s'en étonnerait? Quand on a placé le parjure au nombre des vertus démocratiques, pourquoi n'y mettrait-on pas la calomnie?

Electeurs, vous ferez justice de ces procédés.

Voter pour moi, c'est voter pour l'opposition *constitutionnelle* et contre l'opposition *irréconciliable*.

N'hésitez pas à le faire.

L'opposition irréconciliable vous conduirait aux désastres;

L'opposition constitutionnelle vous conduit à la liberté !

Le 19 mai 1869.

ÉMILE OLLIVIER

député sortant.

A quoi M. Bancel, revenu de la Drôme, et parfaitement guéri, a répondu :

Concitoyens,

La France doit réaliser le gouvernement démocratique, c'est-à-dire le gouvernement d'elle-même par elle même.

Le suffrage universel libre et éclairé sera le pacifique instrument de cette réforme.

Entre mes adversaires et moi, voici la différence :

Ils implorent tout de la complaisance du prince ; j'attends tout de la souveraineté du peuple.

D. BANCEL.

Paris, 20 mai 1869.

QUATRIÈME CIRCONSCRIPTION

Candidats : MM. Ernest Picard, député sortant. — Denière, ancien président du Tribunal de commerce. — Lefrançais, entrepreneur de vidanges. — Ulysse Parent, dessinateur (retiré).

8 *mai*. — *Salle de l'Alcazar.*

M. Picard demande que, si on l'en juge digne, le mandat qu'il a déjà reçu soit renouvelé.

M. Parent s'excuse d'entrer en compétition avec M. Picard, mais il faut une opposition radicale; il est socialiste, mais se bornera pour le moment à être démocrate radical. Il revendiquera les droits ravis dans une nuit de décembre. (*Le commissaire de police avertit le bureau.*) Il veut la suppression du budget des cultes et de l'armée.

M. Lermina, interpelant M. Picard, parle du 2 décembre. Un avertissement du commissaire l'oblige à abandonner ce sujet. Il demande à M. Picard si, le cas échéant, il remplirait son nouveau mandat *avec plus d'initiative et plus de violence.*

Sur un signe du commissaire, M. Lermina dit qu'il lui suffit d'avoir été compris, et quitte la salle au milieu d'applaudissements.

M. Picard répond qu'il emploierait la violence pour repousser la violence.

M. Briosne attaque la bourgeoisie, il est interrompu et demande à M. Picard s'il accepte le mandat annal.

Je repousse cet engagement, dit M. Picard, ne voulant pas entrer à l'assemblée marqué au front d'un signe de défiance.

M. Parent accepte le mandat annal qui permettra de renouveler ces réunions, écoles du peuple et foyers d'une agitation révolutionnaire. (*Murmures et sifflets.*)

M. Lefrançais se dit abstentionniste, et on lui retire la parole.

Une nombreuse majorité repousse le mandat annal.

M. Prévot invite M. Parent à porter sa candidature dans une autre circonscription.

« Puisque l'on m'y force ! s'écrie M. Parent furieux, je vais dire la vérité sur le citoyen Picard. Il se pose comme démocrate, et il est orléaniste. »

Un violent tumulte éclate. Mille cris confus s'élèvent de l'auditoire.

M. Parent à la tribune agite des papiers qu'il semble présenter comme des pièces à l'appui de son accusation.

Le Président ne peut dominer le bruit, et lève la séance.

---

9 *mai.* — *Boulevard Magenta*, 43.

M. Siot demande pourquoi M. Parent ne vient pas donner les preuves de l'accusation d'orléanisme qu'il a portée contre M. Ernest Picard. « Si j'avais ces preuves, dit-il, je ne voterais » pas pour le citoyen Ernest Picard. Si le citoyen Parent ne » peut pas les fournir, c'est un lâche ! » (*Vifs applaudissements.*)

M. Malapert fait la biographie de M. Ernest Picard, qu'il appelle son ami.

« Picard, dit-il, a appris tout ce qu'il sait à l'Ecole de 1848. Il était chez M. Liouville, qui lui a donné sa fille en mariage et qui l'a fait un avocat savant et un homme politique dévoué à la démocratie. (*Applaudissements.*)

» Il est de l'école d'Arago, de Ledru-Rollin et d'autres. Vous savez tous qu'on peut compter sur lui. » (*Applaudissements.*)

L'orateur termine en demandant que le candidat qui sera élu fasse que le suffrage universel ne soit pas un mot, mais un fait, c'est-à-dire que chaque commune nomme tous ceux qui l'administrent, depuis M. le maire jusqu'au curé et même le commissaire de police.

Des applaudissements frénétiques couvrent ces dernières paroles.

Il termine par le cri de « Vive la France et vive la liberté. »

Trois salves de bravos suivent ce discours qui avait été très-fréquemment applaudi.

M. Béchet se dit autant que quiconque amoureux de la liberté, mais il la veut sage.

« On peut bien, dit-il, renverser un roi, un président, un empereur sans coups de fusil. » (*Avertissement du commissaire. — Protestation du bureau.*)

M. Béchet arrive à dire qu'il connaît un homme que l'on a voulu flétrir et qui est le défenseur le plus acharné de toutes les libertés, cet homme, c'est M. Emile Ollivier. »

De tous côtés on crie :

« Assez ! assez !... nous le connaissons... il n'en faut plus. »

Le tumulte est au comble. Le bruit couvre la voix de l'orateur qui quitte la tribune en criant : « Vive Ollivier !

Des huées répondent à ce vivat.

M. Saumon veut un vote de blâme pour les hommes tels que Guéroult, Darimon et Ollivier qui ont failli à leur mandat.

Le président fait observer que les élections feront justice.

La parole est donnée à un jeune homme, M. Stetein qui demande la séparation de l'Eglise et de l'Etat.

M. de Préssensé appuie cette proposition. — « Plus de pouvoir temporel, dit-il, il est urgent d'en finir. Nous avons encore dans l'oreille le fameux *jamais* que nous ne voulons pas laisser subsister..... (*Applaudissements prolongés*). Le progrès marche..... il renverse tout..... il nous conduira infailliblement à reconquérir la liberté absolue. » (*Bravos, applaudissements*).

M. de Pressensé n'est pas de l'avis de M. Malapert, qui vient demander la constitution civile du clergé. Ce que veut M. de Pressensé, c'est la liberté des cultes pleine et entière, sans restriction.

Il termine en disant « qu'après la Révolution, en rétablissant les autels, on rétablissait un trône. » (*Applaudissements.*)

---

10 *mai.* — *Boulevard Magenta*, 43.

M. Bergeret déclare que les réunions de la 4e circonscription continueront, bien que le candidat soit choisi : « Ce qui se dit ici s'entend ailleurs, nous avons le camp des disciplinés qui votera pour plaire à César et pour le nom imposé par César; nous avons le camp de la libre-pensée, composé des libéraux, des démocrates et des socialistes. Unissons-nous! et bien que n'ayant ni la lanterne de Diogène, ni celle de Rochefort, trouvons un homme quand même! Laissons de côté les déserteurs de la liberté, tels que Thiers, Dufaure, Ollivier, Guéroult! Si quelqu'un vient à nous, nous lui demanderons qui il est et ce qu'il veut. S'il répond : Je suis un homme et je veux la liberté, nous lui dirons : C'est bien, tu es des nôtres.

» Favre, Pelletan, Simon et Picard, n'ayant pas déserté le drapeau de la liberté, il faut renouveler leur mandat. Garnier-Pagès et Carnot sont trop vieux. Il faut les remplacer par des jeunes tels que Bancel, Gambetta et Rochefort. »

Il recommande de ne pas s'abstenir et d'arriver à une conciliation entre tous les dissidents de la démocratie.

---

10 *mai.* — *Boulevard Magenta.*

M. Ulysse Parent se fait excuser, ayant une extinction de voix, et **M. Picard** a fait savoir par son frère qu'il était parti pour Montpellier. **M. Saumon** propose un programme très-radical en quatorze articles. **M. Laroche** prétend que ce serait là un mandat impératif.

M. Chardet attaque la candidature de M. Picard. Sa parole est hésitante. On lui crie : Assez ! Assez ! Le Président l'engage à se retirer. Il donne un coup de poing à la tribune et proteste qu'il ne cédera qu'à la force. Le tumulte est très-grand.

M. Goulet appuie la candidature de M. Parent.

M. Lefrançais monte à la tribune. On crie : A la porte ! Enfin l'agitation cesse; M. Lefrançais ne parle pas, il crie; il s'indigne de l'intolérance de l'assemblée et expose ses principes communistes.

M. Laroche veut que l'on s'occupe exclusivement des candidatures, et est très-applaudi.

M. Dubost combat l'Union libérale et demande qu'on impose à M. Picard l'obligation de se séparer de M. Thiers.

11 *mai.* — *Salle de l'Alcazar.*

M. Bayeux-Dumenil, président, annonce le désistement de M. Ulysse Parent et la candidature de M. Lefrançais.

Celui-ci prend la parole pour développer sa profession de foi.

« Il y a vingt ans, après l'élection de Proudhon, de Cabet, de Pierre Leroux, on pouvait croire que la Révolution avait enfin triomphé. Vous savez aujourd'hui le contraire, il faut reprendre la lutte comme auparavant.

» Je pose ma candidature pour ressouder 1869 à 1849.

» Toute révolution qui n'a pas pour but la revendication des droits des citoyens est un crime. »

S'il est élu, il demandera la liberté de la pensée, c'est-à-dire la liberté absolue de la parole et de la presse, l'abolition des délits de presse et de réunion, la suppression du budget des cultes, l'abolition de la police centrale, l'organisation de la police municipale, l'inviolabilité du domicile et le secret des lettres, la liberté d'association, la suppression de tous les monopoles, l'élection des maires par le suffrage universel, qui sera peut-être accordée un jour, mais, pour le moment, le gouvernement n'a pas besoin d'un tel luxe de liberté; l'abolition des armées permanentes qui permettent de jeter 100,000 hommes de l'autre côté de la frontière.

« A la Chambre, je serais pour tout voir, et pour constater *l'incompatibilité d'un gouvernement monarchique avec les réalités démocratiques.* (*Explosion d'applaudissements.*)

» Si l'on nous accordait toutes ces libertés, c'est que nous serions dans une situation telle que nous n'aurions pas besoin de ces présents d'Artaxercès. »

M. Langlois monte à la tribune, la constitution à la main, et déclare qu'il ne vient pas combattre les candidatures de MM. Picard et Lefrançais, mais qu'il veut parler du candidat unique pour toute la France, de l'empereur, le candidat du peuple souverain.

« C'est la Constitution à la main que je vais attaquer celui qui est responsable de ses actes... »

« La Constitution est perfectible. »

Le commissaire de police avertit le bureau qu'il dissoudra la réunion si l'orateur continue à attaquer la Constitution. (*Tumulte.*)

M. Langlois : — « Je ne veux pas attaquer la Constitution, je veux la défendre. Nous avons le droit de parler politique, de discuter les actes du gouvernement; nous en avons le droit et le devoir.

» La Constitution est perfectible, mais ni l'Empereur, ni le Sénat ne peuvent en changer certains articles, entre autres le suffrage universel.

» Je suis abstentionniste, parce que, selon moi, le serment est une tache indélébile qui flétrit celui qui s'y soumet.

» Le peuple est le seul souverain. (*Applaudissements.*)

» Il a fait ce qu'il a voulu en 1848; il a défait, en 1851, ce qu'il avait fait en 1848; c'était son droit, mais il est toujours souverain, le peuple, *et il peut défaire en* 1869 *ce qu'il a fait en* 1851. » (Applaudissements frénétiques.)

Le Commissaire de police déclare la réunion dissoute, et invite les assistants à se retirer immédiatement (*Le tumulte est à son comble*). On crie : Restons assis.

Le Président annonce qu'une protestation va être rédigée, et sera déposée à la sortie où chacun pourra la signer.

Le sieur Paulet propose de former un autre bureau, mais l'évacuation de la salle commence, et une heure après, elle est complètement terminée.

---

14 *mai.* — *Salle de l'Alcazar.*

M. Picard, parlant des troubles de ces derniers jours, a prétendu que « s'ils étaient racontés en province par des voix intéressées, ce serait la plus splendide des manœuvres électorales. » Il a ajouté que la liberté de réunion, telle qu'on l'a, est « une arme à deux tranchants, destinée à blesser ceux qui s'en serviraient. »

M. Lefrançais attaque violemment M. Emile Ollivier, « l'homme du mensonge et de l'hypocrisie. » (*Murmures.*)

Il s'adresse ensuite à M. Picard et lui reproche son dernier vote comme une tache pour son passé politique. « Vous n'auriez jamais dû voter des subsides pour les soldats de vendémiaire et de brumaire, ces égorgeurs de la liberté. »

M. Ernest Picard répond aux interpellations de M. Lefrançais « *qu'il a beaucoup de goût pour les institutions de Genève,* (*tonnerre de bravos*) que les soldats de la République et de l'Empire ne sont pas des soldats de brumaire et qu'il n'est pas démontré que c'étaient des égorgeurs. » (*Toute la salle applaudit.*)

M. Langlois veut encourager M. Picard pour faire triompher les idées démocratiques, radicales et même sociales. « Il faut frapper un grand coup. Plus d'armée permanente, réduction de la flotte ; suppression du budget des cultes; indépendance de la commune; réforme de la magistrature ; entrée dans le domaine de l'état des chemins de fer et de la Banque. » (*Bravos.*)

M. Picard avoue que l'application du socialisme est une utopie. (*Salve de bravos.*)

M. Prévet ne peut parler, tant l'agitation est à son comble.

M. Lefrançais est sifflé. Il parvient cependant à reprocher à M. Picard de n'être pas démocratique.

Dénégation : Vive Picard !

Un inconnu vient se faire huer en accusant M. Picard d'être l'ami de M. Jules Favre et « l'étrangleur du peuple en juin 1848. »

Des voix crient : Ne répondez pas !

---

16 *mai.* — *Boulevard Magenta.*

M. Allix fait l'éloge de M. E. Picard, le seul député qui n'a pas démérité, au contraire. (*Bravos.*)

C'est lui qui a conduit au point où elle en est la cause démocratique. Grâce à lui le triomphe du socialisme est proche : « Capital, travail et talent, voilà les trois éléments nécessaires; vous êtes tous socialistes, nous sommes à la veille de nous entendre; justice pour tous ; c'est la grande révolution ! » (*Applaudissements.*)

---

17 *mai.* — *Boulevard Magenta.*

M. Picard s'excuse, par un télégramme daté de Montpellier, de ne pouvoir s'entretenir avec ses électeurs. (*Murmures.*)

M. Boulanger se dit beaucoup plus libéral que M. Picard : « M. Picard demande l'abolition des armées permanentes. Eh bien ! moi j'en demadde le maintien ! » (*Assez ! Assez !*)

M. Lefrançais attaque, par lettre, « le libéral citoyen Picard » dont on ne connaît pas la couleur. (*Bruit.*)

L'orateur considérera « le triomphe des Picard et des Garnier-Pagès égal à celui des candidats officiels. » (*Dénégations.*)

M. Siot a confiance en M. Picard, mais non en M. Lefrançais. (*Applaudissements. — Tumulte.*)

CINQUIÈME CIRCONSCRIPTION

Candidats : MM. Garnier-Pagès, député sortant, — Assollant, rédacteur du *Gaulois*. — G. Baudin, avoué à Nantua. — Briosne, ouvrier feuillagiste. — F.-V. Raspail. — Frédéric Lévy, maire. — Marchandon. — Clément Aude. — Hugelmann, rédacteur du *Nain Jaune*.

7 *mai*. — *Folies-Méricourt*.

M. Cournet, président, proteste contre les justifications exigées à l'entrée de la salle; il annonce que les électeurs ont à choisir entre MM. Garnier-Pagès, Raspail et Baudin, et exprime les préférences du bureau pour ce dernier.

« Pourquoi cette préférence? dit-il. Parce que cette candidature n'est pas celle de l'homme qui représente l'hérédité. Parce qu'elle est une protestation vivante contre l'acte du 2 décembre, contre l'assassinat de celui qui est mort pour la défense des droits du peuple souverain; elle est la revendication énergique de ces droits méconnus. » (*Applaudissements énergiques, avertissement du commissaire de police.*)

L'assemblée murmure, le président proteste contre cet avertissement; il déclare que le 2 décembre appartient à l'histoire, qui l'a jugé, et donne la parole à un sieur Orsini, comptable.

« Messieurs, dit cet orateur... (*Réclamations nombreuses; cris : dites citoyens.*) Citoyens ou messieurs, ça m'est égal. Mais de quoi s'agit-il? De nous choisir un député. Or à quoi bon rappeler le 2 décembre? Il ne s'agit pas du passé, mais du présent. Eclairons-nous sur la valeur des candidats. Car enfin que voulons-nous?

Une voix. La République! (*Interruptions, tumulte prolongé.*)

M. Orsini. Qu'avons-nous à demander à notre député! La défense de nos intérêts, la réalisation des progrès qui assurent le bien-être des ouvriers. Pour moi, je le dirai tout haut, celui qui a fait le plus de bien au peuple, c'est l'Empereur. (*Protestation, bruit prolongé, tumulte, cris : A la porte!*

Ici, nous empruntons le compte-rendu du *Réveil* :

A ces mots, la salle entière s'est levée indignée et a protesté par ses murmures contre les paroles de l'orateur, qui, par cette singulière candidature, attirait le débat sur un terrain si dangereux.

Aussitôt le commissaire se lève précipitamment et prononce sur le champ la dissolution de la réunion, au milieu des réclamations énergiques de toute la salle.

Le bureau propose de signer une protestation. C'est à qui s'empressera de signer. Tous les électeurs défilent un à un et viennent apposer leur signature. Des feuilles volantes courent dans l'assemblée et chacun tient à honneur d'y mettre son nom. Le calme s'est à peu près rétabli. Le bureau est resté à son poste. Le citoyen Baudin, acclamé, paraît à la tribune. Il rappelle en quelques paroles énergiques la déclaration qu'il a faite dans sa circulaire, et il s'exprime à peu près ainsi : Citoyens, je vous ai dit que toujours je serai avec vous, que je lutterai sans faiblesse pour vous et que je mourrai pour vous. s'il le faut.

Cette déclaration, je vous la renouvelle et je jure d'y rester fidèle. Quelques personnes ont prétendu que mon nom rappelait trop le principe de l'hérédité. Mais qui pourrait nier l'hérédité du dévouement, la seule que je revendique ici hautement (*Des applaudissements frénétiques couvrent la voix de l'orateur.*)

En ce moment, un commissaire de police autre que celui qui avait dissous la réunion vint, à la tête de nombreux agents, faire évacuer la salle, et empêcha ainsi ceux qui n'avaient pas encore pu signer la protestation d'y apposer leur signature.

Devant la force, la foule s'écarta lentement, en bon ordre et avec dignité, tout en protestant contre la violation qui lui était faite. (*Réveil*).

---

11 *mai. — Folies-Belleville.*

M. Georges Baudin développe son programme démocratique et socialiste. Le seul titre sérieux qu'il invoque, c'est la mort de son frère.

M. Demay s'est porté candidat ouvrier, déclarant qu'en soumettant sa candidature au suffrage de ses concitoyens, il faisait un acte désintéressé; que, d'ailleurs, il faisait bon marché de sa candidature et qu'il la livrait, au besoin, comme il livrerait son cadavre pour conquérir la liberté.

Son discours soulève les rires et les quolibets de l'assemblée.

A l'appel du nom de M. Garnier-Pagès, un de ses amis, M. Franki-Magnadias, a annoncé que ce candidat était dans la Mayenne, où il se présente également. Cette communication est mal accueillie.

M. Briosne a exposé le système socialiste qu'il a déjà si souvent développé dans les réunions publiques; il maintient sa candidature.

M. Lermina s'est élevé très-énergiquement contre M. Garnier-Pagès, dont il a retracé la conduite politique après la Révolution de 1848; rappelant notamment les lois antidémocratiques qu'il aurait votées et les projets de loi libéraux qu'il aurait repoussés.

Après avoir aussi vivement combattu M. Garnier-Pagès, **M. Ducasse** a tourné ses attaques contre M. Georges Baudin: s'il entrait à la Chambre, dit-il, il n'y traînerait pas, comme on l'a dit, l'ombre vengeresse de son frère. Mais cependant une question de convenance doit l'empêcher de persister dans sa candidature. Autrement il ferait acte d'adhésion à l'Empire; on verrait en lui le frère d'un martyr qui viendrait prêter serment à l'homme qui a tué son frère.

Un avertissement est donné par le commissaire de police.

M. Ducasse désigne avec chaleur au suffrage de l'assemblée M. Raspail, dont la vie tout entière a été consacrée au bonheur du peuple.

M. Baudin a voulu répondre à M. Ducasse; mais, en présence du mauvais accueil qui lui était fait, il a dû quitter presque immédiatement la tribune.

M. Lermina, revenant à la charge contre M. Garnier-Pagès, l'accable d'invectives; il le traite notamment de *misérable*.

A propos de M. Baudin, il dit: « Sa présence à la Chambre serait assurément une protestation; mais cette protestation ne produirait qu'un effet de courte durée. La nomination de Gambetta aura, à cet égard, une bien plus grande importance.

Enfin, appelant le choix des électeurs sur M. Raspail, il rappelle que ce dernier a refusé la croix de la Légion-d'honneur que Louis-Philippe lui avait attachée sur la poitrine.

---

13 *Mai*. — *Cirque-Napoléon*.

Un membre du bureau donne lecture d'une lettre dans laquelle M. Baudin explique sa candidature.

M. Raspail monte à la tribune au milieu des applaudissements.

Il parle de son grand âge, et dit : «Que, lorsqu'il s'agit de la patrie, on est toujours jeune. Il parle de la condamnation infâme que lui ont infligée des juges gorgés de champagne, et demande au peuple de le réhabiliter. »

Plusieurs voix : « Vous êtes réhabilité. »

M. Raspail est heureux de voir la France déclarer que ses juges étaient indignes ; il rappelle ses travaux comme homme de lettres ; la fidélité qu'il a toujours gardée à ses principes ; les souffrances qu'il a endurées pour la cause du peuple ; les secours qu'il a fait distribuer aux malheureux. Il s'élève contre le reproche qu'on lui a adressé d'avoir fait le 15 mai, cette infamie gouvernementale, et parle de son emprisonnement à Vincennes, où il est resté 3 jours dans un cachot d'où Ledru-Rollin et Lamartine n'ont rien fait pour le faire sortir (*Applaudissements répétés. Cris de : Vive Raspail ! vive l'ami du peuple !*)

Quelques cris de vive la République ! quelques autres de vive l'Empereur ! se font aussi entendre.

M. Rivet dit que les véritables amis de l'ordre sont les démocrates-socialistes.

Le Président donne la parole à M. Hugelmann.

De toutes parts se font entendre des réclamations.

M. Lefrançais ne veut pas de ces noms qui soulèvent l'indignation publique comme celui du sieur Hugelmann, ancien agent de la préfecture de police à Bordeaux, puis agent de l'empire mexicain, aujourd'hui défenseur avoué de l'ex-reine d'Espagne. «Sa candidature, dit-il, ne doit être combattu que par le rire et le dégoût. »

Des applaudissements frénétiques accueillent cette sortie

M. Hugelmann, resté debout sur le bureau, est en butte aux huées et aux sifflets; des assistants s'élancent vers lui avec des gestes menaçants; le bureau est envahi, les cris et le tumulte deviennent tels que le commissaire de police est obligé de lever la séance.

Autre compte rendu.

Dès cinq heures, la queue occupait les rues voisines, et à huit heures, les portes ayant été ouvertes, une foule compacte envahissait le Cirque.

A neuf heures et demie seulement, le président, le docteur Dupré, ouvrait la séance. Plus de quatre mille électeurs étaient présents.

Après avoir réclamé le silence, le président engage les assistants à protester par le calme et la modération contre les accusations de turbulence et de violence, et donne la parole à l'un des assesseurs. Celui-ci lit une lettre dans laquelle Georges Baudin déclare ne point se présenter au nom d'une ambition personnelle, mais au nom d'un principe, et s'effacer devant la grande figure de son frère Alphonse Baudin. Sa présence n'ajouterait donc rien à sa cause; c'est Alphonse que l'on nomme en sa personne.

Puis, le citoyen **Raspail** prend la parole, et, dans un discours qui n'a pas duré moins de vingt minutes, retrace l'histoire de sa vie, consacrée toute entière à la cause du peuple :

« Je suis vieux, citoyens, dit-il, et depuis vingt ans que je suis retiré de la vie politique, vous m'avez peut-être oublié. Il est vrai, je n'ai plus la vigueur de mes premières années, mais quand il s'agit de la patrie, on se sent toujours ferme. (*Applaudissements enthousiastes.*)

» Je viens vous demander une réhabilitation complète de l'arrêt qui m'a frappé à la suite du 15 mai; vous êtes tout à la fois mes juges, mes jurés et mon tribunal. Il y a vingt ans, mes juges étaient mes accusateurs, et quand je suis passé en conseil de guerre, j'étais condamné d'avance.

» Depuis cinquante ans je suis sur la brèche. Je n'ai jamais abandonné mes principes et j'ai souffert pour eux plus qu'il n'est possible à un homme de souffrir.

» Vous m'avez oublié peut-être, vous autres jeunes gens, (*De toutes parts : Non! non!*) Mais mes contemporains se souviennent de moi et savent tout ce que j'ai affronté et supporté de persécutions pour la cause démocratique. On m'accuse d'avoir fait le 15 mai. C'est une infamie; tout l'odieux de cette tentative doit retomber sur Hubert et Buchez. » (*Applaudissements frénétiques.*)

Tout le temps qu'a parlé le vénérable orateur, un silence religieux a régné dans la salle et a témoigné du respect des 4,000 auditeurs présents pour le vétéran de la démocratie.

M. Hugelmann ayant voulu prendre la parole pour soutenir sa candidature, a soulevé de nombreuses protestations, dont les citoyens Lefrançais et Briosne se sont faits les interprètes avec une violence extrême.

Un tumulte effroyable s'en est suivi, et le commissaire a dissous l'assemblée à dix heures et demie. — (*Le National*).

---

17 *mai.* — *Grand-Théâtre parisien.*

M. Assollant se tient à la disposition des électeurs qui voudront le questionner.

M. Stempson pose la candidature ouvrière; il est hué.

M. Garnier-Pagès dit qu'il a toujours vécu sous la bannière où sont écrits ces mots : Révolution de 1789, révolution de 1830, révolution de 1848.

S'il n'est pas venu plus tôt dans les réunions, c'est qu'il était dans la Mayenne. Il rappelle son passé politique, sa mission à Berlin, recommande l'union et l'amour parmi les démocrates. Il est très-applaudi.

M. Lermina renouvelle contre ce candidat ses attaques violentes. Ce ne sont plus, dit-il, des orateurs qu'il faut, *ce sont des hommes prêts à agir s'il le faut;* il accuse Garnier-Pagès d'avoir laissé tomber dans la boue le drapeau de la Révolution (*Approbations dénégations*); lui reproche ses absences alors que la Constituante avait des votes importants à faire; rappelle ce mot qu'il a prononcé lors des journées de Juin : « Il faut du canon pour se débarrasser des factieux. »

On reproche à M. Lermina de n'être pas de la circonscription.

Je suis candidat, dit-il, cela m'a coûté assez cher de prêter serment pour venir vous éclairer. Il ne s'arrête dans sa longue série d'accusations que sur l'invitation du président.

M. Garnier-Pagès se plaint de cette façon d'agir; il n'a qu'un quart d'heure pour répondre à ces questions posées en bloc.

Vous accusez, dit-il, sans tenir compte des circonstances dans lesquelles on se trouvait alors ; vous recherchez les fautes légères, mais vous oubliez de dire que j'ai sauvé la France du déshonneur. Des royaumes et des empires ont fait faillite ; mais je n'ai pas voulu que la République française s'appelât banqueroutière.

Il affirme que les factieux de juin étaient payés par Henri V et la Russie, que le 15 juin a été fait aux cris de : Vive l'Empereur.

Relevant avec vigueur les accusations de M. Lermina, il proteste avec énergie à propos de l'état de siége, rappelle qu'alors il a donné sa démission ainsi que ses collègues plutôt, que d'approuver une pareille mesure.

SIXIÈME CIRCONSCRIPTION

Candidats : MM. Adolphe Guéroult, député sortant. — Jules Ferry, avocat. — Cochin, membre de l'Institut. — Dupré. — Chatelin. — Mancel. — Brisson, rédacteur du *Temps* (retiré).

4 mai. — Pré-aux-Clercs.

M. Guéroult raconte sa vie ; il relit sa profession de foi de 1863, et déclare qu'il a été fidèle, en avançant peut-être d'un pas. Il ne cessera de réclamer la séparation de l'Eglise et de l'Etat et de la liberté de conscience.

Il est interrompu par des acclamations malveillantes.

M. Brisson se dit radical, très-radical; il parle surtout contre la domination de l'Eglise. Comme M. Guéroult, il a choisi la 6e circonscription à cause des couvents qu'elle renferme. « C'est là, dit-il, qu'est l'ennemi. »

Réunion électorale du Pré-aux-Clercs.

Coups de coude, trépignements, éclats de rire, calembours, vociférations, sifflets, tempête. — Assez ! assez !! A bas l'orateur ! Un candidat sérieux !! — Et aussitôt : Brisson !!! Ferry !!!

La salle est pleine à craquer. — Plusieurs milliers de citoyens restés en dehors poussent une clameur désespérée qui, par bouffées, monte jusqu'à nous.

Cet orateur si malmené, est-ce M Guéroult ? — Non, son

tour n'est pas encore venu. — Celui-ci est M. Sandon. Ses gestes sont ceux d'un nageur épuisé qui se débat au milieu des vagues ; il tend le cou, crie au secours, avale l'eau salée ; il est perdu ! Tout à coup lui vient une inspiration héroïque ; il se redresse, et de tous ses poumons :

Amour sacré de la patrie,
Conduis, soutiens nos bras vengeurs !
Liberté, liberté chérie...

Tonnerre d'applaudissements. Et M. Sandon, épuisé, disparaît avec gloire.

— Brisson !!! Ferry !!!

Une voix téméraire. — Cochin ! (Stupéfaction générale.)

Un titi. — A bas le Cochinchinois !

M. Ferry monte à la tribune.

M. Ferry se déclare, avec énergie, *ennemi du gouvernement (le commissaire se lève)* — sur le terrain constitutionnel, c'est entendu. (*Le commissaire se rassied. — Rires, trépignements.*) La Constitution est indéfiniment perfectible : aussi l'orateur veut-il qu'elle soit perfectionnée indéfiniment. Il réclame surtout l'application de l'article relatif à la responsabilité de l'Empereur. Oui, l'Empereur Napoléon III est moralement et légalement responsable de la situation dans laquelle se trouve aujourd'hui le pays. Et M. Ferry, s'il est envoyé à la Chambre, fera tous ses efforts pour que cet article de la Constitution ne reste plus à l'état de lettre morte.

L'orateur pose ensuite son programme : le programme des *destructions nécessaires*. Suppression de la centralisation administrative, des armées permanentes, du clergé d'Etat, de la magistrature, et ruine de tout despotisme.

La question de centralisation administrative lui fournit l'occasion d'esquisser assez agréablement la physionomie du préfet, ce produit si curieux du second Empire, — le préfet, ce pacha de la France impériale ; — « l'homme le plus aimable de son département, mélange d'officier et de sportsman, et mauvais sujet par-dessus le marché. » L'orateur arrive alors à parler du préfet par excellence, du préfet type : M. Haussmann.

Le commissaire. — Pas de question de personne.

Le Président, à la surprise de toute la salle, fait écho au commissaire de police (*Agitation, tumulte.*)

L'orateur.— Je discute M. Haussmann, non comme homme, mais comme institution. — Les travaux de la ville de Paris... (*Nouvelle interruption du commissaire de police.*)

Une voix moqueuse. — Il ne faut pas compromettre l'emprunt !

M. Ferry continue sa critique par l'exemple de M. Haussmann; il montre où conduit le gouvernement personnel.

Le commissaire de police. — Vous ne pouvez pas discuter ici la Constitution !

M. Ferry soutient qu'il en a le droit; il déclare qu'il usera de ce droit, et que si le représentant de l'autorité est d'un avis contraire, les tribunaux jugeront; — mais la séance continuera.

A partir de cet incident, les occasions de tumulte deviennent nombreuses. A chaque instant, le commissaire de police prend la parole et interpelle directement M. Ferry.

— Est-ce vous qui êtes le président ? lui demande enfin l'orateur, stupéfait de cette étrange manière d'agir.

De fait, la question devenait douteuse, et M. Ferry eût pu demander en même temps si ce n'était pas le président qui était le commissaire de police.

Ces messieurs empiétaient à tout moment sur leurs attributions réciproques. Quand, par exemple, le président, à la fin de la séance, menaçait un citoyen de le faire arrêter à la sortie, n'oubliait-il pas le rôle que, pour ce soir-là, il était chargé de jouer dans l'assemblée ? Ces confusions, ces méprises, ces manques de mémoire sont fâcheux.

A la fin de son discours, l'orateur, parlant de l'antagonisme des classes, montra, sous la dernière république, le troisième larron intervenant au milieu de la lutte. Cette figure, à coup sûr bien innoffensive, épouvanta le commissaire de police qui déclara la séance dissoute.

Il va sans dire que le président applaudit au commissaire de police.

La foule criait : Brisson ! Nous resterons ! Nous voulons entendre Brisson !

Cependant il fallut partir.

Je demanderai maintenant à M. Ferry, dont la candidature d'ailleurs est loin de m'être antipathique, — je lui demanderai pourquoi, à cette occasion, il n'a pas cru devoir faire l'acte d'énergie qu'il avait promis plus haut.

La réunion a été dissoute par son fait, au moment où, son discours étant terminé, la parole allait être donnée à son concurrent, M. Brisson. C'eût été pour M. Ferry, il me semble, le vrai moment de prendre, sous sa responsabilité, la continuation de la séance. (*National.*)

---

9 *mai.* — *Rue de Grenelle-Saint-Germain*, 195.

M. Guéroult, député sortant. — J'ai assisté, il y a quelques jours, à une réunion où l'on a combattu ma candidature sous plusieurs prétextes et avec acharnement. Nous sommes quatre qui nous présentons à vos suffrages et tous les quatre, nous voulons faire le bien ; mais nous ne sommes pas d'accord sur les moyens ; je vous avoue que je ne suis pas clérical ; je combats donc le parti clérical.

Après avoir exposé ses idées sur la religion, M. Guéroult raconte sa carrière politique. Il a accepté un poste dans les consulats, sous le gouvernement de Juillet ; il n'est donc point un républicain de la veille. Le 4 Décembre, il a été mis en prison ; plus tard, le gouvernement impérial lui a proposé un emploi au ministère des affaires étrangères. Il n'a pas voulu l'accepter.

Un auditeur interpelle M. Guéroult sur ses relations avec le Palais-Royal.

M. Guéroult explique que le prince Napoléon, homme d'un rare talent, serviable, estimé des esprits distingués, a bien voulu lui prêter son appui lorsqu'il a songé à fonder l'*Opinion nationale*; mais ses relations ne l'ont pas empêché de demeurer toujours parfaitement libre.

Il a montré qu'il sait combattre et il rappelle qu'en Décembre 1851, il a été *sur la route de Cayenne.*

Les dernières paroles lui valent quelques applaudissements.

Arrivant aux affaires d'Allemagne, « on me reproche, dit M. Guéroult, d'avoir poussé la Prusse à faire la guerre à l'Autriche et d'avoir laissé faire notre gouvernement ; c'est parce que j'avais foi en sa parole, et je ne puis être pour rien dans ses affaires. »

On l'interrompt pour lui demander s'il reconnaît que les affaires d'Allemagne nous aient été préjudiciables.

« Non, dit-il, la Prusse a, il est vrai, 28 ou 29 millions d'habitants; mais nous en avons 40, et je ne serais pas effrayé de voir toute l'Allemagne unie. Cependant, je reconnais que nous devons empêcher cette union. »

M. Guéroult ménage ses compétiteurs, MM. Jules Ferry et Brisson; mais, en ce qui concerne M. Cochin, il déclare que, le cas échéant, il ne demandera jamais à ses électeurs de reporter ses voix sur le candidat *catholique.*

Il ne dit pas ce qu'il ferait pour les deux autres.

M. André Rousselle passe en revue les quatre candidats. Il écarte M. Cochin parce qu'il est clérical et conseiller municipal nommé par l'Empereur (*sic*). (*Applaudissements prolongés.*)

---

10 *mai.* — *Rue du Bac.*

M. Ferry ne croit pas à l'impuissance de la Chambre.

« Nous avons la liberté électorale qui nous manquait il y a six ans. Il y a vingt ans, nous n'étions qu'une poignée; aujourd'hui nous sommes légion. En théorie, le mandat le plus court est le meilleur. En pratique, le mandat annal serait mauvais dans les conditions présentes. Il faut que le peuple fasse crédit à ses mandataires. »

M. Ferry s'engage d'ailleurs à se présenter après chaque session devant ses électeurs assemblés en réunion privée.

En ce qui touche l'Allemagne, M. Ferry veut que la France reste sur la défensive en présence de cette unité menaçante que le gouvernement a laissée se constituer par son imprévoyance, *et par l'exemple qu'il a donné en annexant Nice et la Savoie.*

M. Chemale demande que tout citoyen soit tenu au service militaire personnel. Il dit que le soldat cesse d'être citoyen, et M. Thil soulève un tumulte indescriptible en s'écriant que l'armée est démocratique et qu'elle est la gloire de la France.

---

11 *mai.* — *Pré-aux-Clercs.*

M. Ferry dit qu'il faut combattre les ennemis qui ont pris de l'avance et mettre à bas Cochin et Guéroult. (*Applaudissements.*) La 6e circonscription est la plus difficile. Il y a une bataille à gagner, la politique des compromis que nous détestons tous. (*Interruption. — Le tumulte grandit.*)

Le Président ne peut se faire entendre. Il descend de la tribune.

M. Laviolette le remplace.

M. Ferry adjure l'assemblée de lui maintenir la parole. Il se plaint d'être interrompu par le bureau. « Ne prolongeons pas ce désaccord, dit-il, unissons-nous pour assurer la victoire, afin que la 6e circonscription, où le parti clérical domine, donne une leçon à toute l'Europe catholique. » (*Bravos.*)

M. Ferry donne des explications sur la manière dont il entend la décentralisation. Il dit que la République a fini parce qu'elle est tombée entre les mains d'un génie malfaisant (*applaudissements*), et que le pays *patauge* d'une manière épouvantable.

A ces mots, le commissaire de police donne un avertissement.

---

11 *mai.* — *Rue de Vaugirard.*

M. Jouffroy reproche à l'orateur d'avoir conservé ses fonctions d'adjoint au maire après les événements de Décembre 1851. Cette interruption soulève des protestations dans l'assemblée.

M. Cochin répond qu'il a donné sa démission, qui ne fut pas acceptée ; il n'a conservé ses fonctions que sur l'avis de MM. Benoist-d'Azy, Vitet et Daru.

---

12 *mai*. — *Rue de Grenelle.*

M. Guéroult regrette l'absence de MM. Cochin et Ferry. Bien connu de ses électeurs, il n'a pas besoin d'indiquer son programme. Il attend les interpellations qu'on voudra bien lui adresser.

M. Labouret demande à M. Guéroult comment il entend rendre effective la responsabilité de l'Empereur et comment, selon lui, cette responsabilité peut être juridiquement engagée.

Sur l'observation du commissaire de police, le président déclare qu'on ne peut discuter la Constitution.

M. Guéroult répond que le seul moyen d'établir la responsabilité du pouvoir d'une manière effective est de rendre les ministres responsables.

M. Ferry est vivement applaudi à son entrée dans la salle. Il blâme en termes violents la conduite du gouvernement dans les affaires d'Allemagne en 1866. Pour lui, il poursuivra éternellement ceux qui ont favorisé l'unité de la Prusse, et faisant clairement allusion à la personne du souverain, « celui, dit-il, qui a été l'auteur de l'agrandissement de la Prusse..... celui-là a trahi la France ! »

Le commissaire de police déclare la réunion dissoute. De nombreuses protestations se font entendre et M. Ferry, prenant à partie le représentant de l'autorité, proteste plus énergiquement que tous les autres, il quitte la tribune après avoir essayé vainement, au milieu du bruit, d'interpréter la loi de juin 1868.

---

12 *mai*. — *Rue Duvivier*, 24.

M. Buisson recommande à M. Jules Ferry d'être calme, de modérer ses expressions, afin de ne pas obliger l'autorité à dissoudre la réunion.

M. Jules Ferry monte à la tribune. Il est très-animé. Il s'exprime avec véhémence au sujet de la dissolution de la réunion dans laquelle il a parlé la veille, rue de Grenelle.

« Si vous saviez ce que je souffre en voyant qui l'on protége. » En disant ces mots, il montre à l'assemblée le journal l'*Opinion nationale*.

Je voudrais les trouver ici, en face de moi, ces Guéroult père et fils ; je me chargerais de les interroger. Je maintiens que, malgré l'arbitraire de l'autorité, nous avons le droit de tout dire pendant quinze jours, puisque le gouvernement a le droit de tout faire pendant six ans. (*Bravos.*) Oui, l'assemblée a été dissoute hier par un acte arbitraire du commissaire de police. Je commence à croire que ces messieurs ont reçu l'ordre de nous empêcher de parler ; car vous savez qu'il n'y a pas de juge entre un citoyen et un commissaire de police.

M. Ferry dit : « Je veux la liberté entière d'association, mais ce n'est pas le régime actuel qui nous la donnera... car il en a peur. »

Le commissaire de police, à ces mots, donne un avertissement.

L'orateur proteste et continue à attaquer la loi sur les coalitions.

Le commissaire de police renouvelle l'avertissement.

Le président dit à M. Ferry qu'un assistant désirerait connaître ses idées sur les appointements des députés et des sénateurs.

M. Ferry répond que le traitement des députés est une indemnité *trop démocratique pour qu'on y touche* ; quant à celui des sénateurs, il n'y a qu'à le supprimer d'un trait de plume, car c'est l'indemnité des inutiles.

---

13 *mai.* — *Salle du Pré-aux-Clercs.*

M. Ferry reproche à M. Guéroult d'avoir contribué à la guerre entre l'Autriche et la Prusse, en s'abstenant de prendre part au vote des 33, dans la séance du 12 juin 1866, et d'avoir encouragé la guerre d'Italie.

Sur le premier point, M. Guéroult répond que la France n'a pas à redouter la Prusse, que la Sainte-Alliance est brisée à jamais. (*Bravos.*)

Sur le second, l'orateur avoue franchement qu'il est fier d'avoir contribué, pour sa faible part, à l'unité de l'Italie. (*Dénégations et quelques bravos.*)

M. Ferry déclare que, dans la situation de M. Guéroult, il aurait cherché par tous les moyens à empêcher la guerre. (*Vifs bravos.*)

« Voilà, continue-t-il, où vous nous avez conduits, vous, les héritiers des Bonaparte ; voilà votre politique. Et vous voudriez que l'on soit tranquille et satisfait ? Oh ! non, et je dis que le politique Guéroult et le politique Rouher... »

Le bruit couvre la voix de l'orateur ; on pousse violemment un interrupteur à la tribune.)

M. Ferry continue ; « Le gouvernement jouit, depuis dix-sept ans, d'un blanc-seing comme jamais gouvernement n'en a eu, et Guéroult le lui a renouvelé en ne prenant pas part aux réclamations des 33. Ce qu'il faut après cela, c'est... »

Ici l'orateur s'arrête, et baissant la tête sur sa poitrine, semble vouloir donner à l'assemblée le temps de saisir sa pensée.

Tout l'auditoire l'a compris.

On se dit : « C'est la République ! »

Intervention du commissaire de police.

(*Grand tumulte et protestations.*)

« Les emprunts contractés tous les ans, continue l'orateur, l'augmentation des vivres, l'impuissance de ceux qui aiment la France et que l'on n'écoute pas, cela ne peut pas durer, et je suis sûr que vous le leur ferez voir le jour de votre vote. » (*Bravos. — On crie : Vive Ferry !*)

M. André Rousselle interpelle M. Guéroult au sujet d'un article de l'*Opinion nationale*, dans lequel ce dernier glorifie la défaite d'Aspromonte et la blessure de Garibaldi.

M. Guéroult se justifie de cette accusation en lisant *in extenso* l'article en question dont M. Rousselle n'avait détaché que le fragment incriminé.

M. Mach dit que Garibaldi n'est pas un grand citoyen, qu'il s'est servi des bombes Mazzini et qu'il a assassiné.

L'orateur est obligé de descendre de la tribune.

(*Grand tumulte. — Quelques voix crient : Vive Garibaldi !*)

14 mai. — Rue de Vaugirard.

M. Guéroult attaque M. Cochin, malgré des protestations de la part de membres de l'assemblée, qui traitent de lâcheté les attaques envers un absent. Il propose à M. Ferry de s'entendre amiablement pour que celui des deux qui aura la minorité au premier tour de scrutin reporte ses voix au second tour sur celui qui aura obtenu la majorité.

M. Ferry repousse la proposition de M. Guéroult et se fait honneur d'avoir en politique une ligne de conduite et des principes tout différents des siens.

M. Guéroult retire sa proposition. Il dit que M. Ferry se dit libéral; il lui reproche d'écrire dans un journal orléaniste et d'être en relations avec la famille d'Orléans. (*Rumeurs. — Protestations.*)

M. Ferry déclare que les prétendues alliances avec une famille déchue sont forgées dans les bureaux de l'*Opinion nationale*; il accuse M. Guéroult d'avoir des espions pour fouiller dans sa vie privée et l'attaque vivement. Il affirme sur l'honneur qu'il est allé en Angleterre pour voir Ledru-Rollin et Louis Blanc. (*Applaudissements.*)

M. Bocquet reproche aux candidats le peu de dignité de leur polémique; il accuse M. Guéroult d'appartenir en réalité au parti clérical.

M. Lebeau reproche à M. Ferry des alliances avec la famille d'Orléans. (*Cris : Assez! Assez! A la porte!*)

M. André Rousselle trouve indignes des candidats les injures qu'ils s'adressent réciproquement. Il votera pour M. Ferry, parce que M. Guéroult n'est pas assez radical.

M. Guéroult a peine à se faire entendre au milieu du bruit.

« Je vous embête, s'écrie-t-il! s'il faut pour être radical obtenir les libertés par la violence, il n'est pas radical. » Selon lui, les moyens violents n'amènent à rien. La France a fait des progrès immenses depuis un an par des moyens légaux.

M. André Rousselle veut parler; mais il en est empêché par les cris des assistants qui réclament M. Ferry. « Vous n'êtes pas dignes qu'on vienne défendre ici vos droits et votre liberté ! »

---

14 *mai.* — *Pré-aux-Clercs.*

A son entrée dans la salle, le commissaire de police trouve sa place occupée par M. Lenormand, sous-bibliothécaire de l'Institut, qui se retire de mauvaise grâce, en s'écriant : « Les mouchards se croient tout permis ; du reste, depuis deux jours, Paris est comme en état de siége, » et en protestant contre ce qu'il appelle une usurpation du représentant de l'autorité.

M. Edgard Moutet reproche à M. Cochin d'avoir accepté des fonctions municipales après le 2 décembre, contrairement à l'exemple de son beau-frère M. Benoist d'Azy, et d'être un des défenseurs de la papauté.

---

15 *mai.* — *Pré-aux-Clercs.*

M. Ferry, répondant à un article de l'*Opinion nationale* dit qu'au second tour de scrutin, il conseillera à ses électeurs de voter pour M. Guéroult.

Un tumulte oblige le commissaire de police à donner un avertissement.

M. Ferry veut la séparation de l'Eglise et de l'Etat, la suppression du budget des cultes, la cessation immédiate de l'occupation de Rome.

Sur une interpellation de M. Guéroult, relative à la conduite que M. Ferry tiendra au deuxième tour de scrutin, celui-ci répète, en termes assez vifs, la réponse qu'il a faite au commencement de la séance à la même question.

M. Desplas interpelle vivement M. Ferry, lui demande ce qu'il a fait pour la démocratie, lui reproche d'avoir deux visages. (*Tumulte.* La parole est maintenue à l'orateur.)

Les réponses de M. Ferry sont accueillies par des cris et des protestations. Il veut la suppression des armées permanentes.

M. Grégoire demande le maintien du budget des cultes. L'assemblée lui retire la parole.

M. Guéroult, interpellé, déclare qu'il est libre-échangiste. M. Ferry l'est aussi; mais il proteste contre l'origine dictatoriale du traité de commerce.

Une discussion s'élève entre MM. Guéroult et Ferry au sujet du Crédit mobilier, que M. Ferry appelle une création de l'Ecole saint-simonienne.

L'assemblée se sépare aux cris de : Vive Ferry !

---

16 *mai.* — *Salle du gymnase de la Sorbonne.*

M. Rousselle demande à M. Jules Ferry s'il accepte le cahier des électeurs de la 1re circonscription et s'il consent à ce qu'il soit affiché dans sa circonscriotion, comme l'a fait M. Gambetta dans la sienne. Il donne lecture de ce cahier (*Vifs applaudissements.*)

M. Ferry accepte entièrement ce programme, mais il ne juge pas utile de le faire afficher attendu que sa profession de foi est semblable.

Il développe les opinions émises dans sa profession de foi. En parlant de la loi de sûreté générale, il dit « qu'il n'y a pas un honnête homme qui puisse la défendre, qu'un seul homme l'a défendue à la Chambre, le garde des sceanx, mais qu'il n'a osé cependant défendre qu'un seul article, celui qui punit les intelligences à l'intérieur. Mais, continue l'orateur, ici, nous sommes à l'intérieur dans le local clos et couvert; nous sommes des intelligences... pour exciter à la haine et au mépris du gouvernement. » (*Applaudissements.*)

Le commissaire de police donne un avertissement.

M. Ferry se livre contre la magistrature française à des critiques passionnées qui motivent un deuxième avertissement.

Le président prétendant que ce n'est là qu'une *simple boutade* de l'orateur, le commissaire de police déclare qu'il proteste énergiquement.

M. Joseph Klotz veut parler contre l'instruction obligatoire, au nom de la liberté des pères de famille. On refuse de l'entendre.

M. le docteur Delasiauve retire sa candidature. Il désire entrer dans quelques explications. (*La salle proteste. On crie : Guéroult ! Guéroult !*)

M. Guéroult adhère, comme M. Ferry, au cahier de M. Gambetta, sauf quelques difficultés de détail.

On l'interrompt pour appeler à la tribune un rédacteur du *Rappel*, M. Gromier, qui voudrait donner lecture d'une lettre Félix Pyat.

Le commissaire de police, après avoir pris connaissance de cet écrit, déclare qu'il ne peut pas en être donné lecture à l'assemblée.

Une partie des assistants proteste.

M. Guéroult, interpellé, dit qu'il est plutôt pour M. Ollivier que pour M. Bancel, parce que M. Bancel représente la révolution. (*Cris. Protestations.*)

M. Ferry paraît à la tribune au milieu des applaudissements. Il déclare hautement qu'il est pour M. Bancel. Il explique la différence qu'il y a entre lui et M. Guéroult. Il rappelle que M. Guéroult a dit, dans une autre réunion, qu'il accepterait un ministère, dans le cas où la responsabilité ministérielle serait rétablie, tandis que lui n'attend rien que du suffrage universel. (*Bravos. — Vive Ferry !*)

Il veut la suppression des gros traitements et *particulièrement du plus gros.* (*Double salve d'applaudissements*)

M. Guéroult répondra à M. Ferry, mais, vu l'heure avancée, il demande que la suite de la discussion soit remise au lendemain, à la réunion de la rue Duvivier. Il parle du serment. (*Cris dans la salle*) C'est une formalité.

Il dit qu'il tient toujours un serment qu'il a prêté. (*Rires. — Bruit. — Allons donc !*)

L'orateur ne peut pas continuer.

La séance est levée à 11 heures, aux cris de : Vive Ferry !

---

17 *mai.* — *Rue Duvivier*, 21.

M. Ferry reproche ensuite à M. Guéroult de n'avoir pas prêté l'appui de son journal à la souscription Baudin.

M. Cochin repousse le titre de candidat officieux ; il veut l'économie dans les budgets, la réduction des armées et le report de ces économies sur l'instruction publique. Différentes interpellations sont adressées à M. Cochin sur la question romaine et sur la séparation de l'Eglise et de l'Etat. M. Cochin répond difficilement à ces questions par suite du tumulte.

Les noms de MM. Thiers, Berryer et Odilon Barrot, cités par l'orateur, excitent de violents murmures.

On crie : « Vive Ferry ! » Le tapage allant croissant, le président lève la séance.

SEPTIÈME CIRCONSCRIPTION

Candidats : MM. JULES FAVRE, député sortant. — CANTAGREL, ancien représentant. — HENRI ROCHEFORT, rédacteur du *Rappel*.—HENRICY, homme de lettres. — GASTON CARLE. — J. BIARD. — ALB. BERNARD. — SAVART, manufacturier.

7 *mai*. — *Rue du Faubourg-Saint-Jacques*

M. Henricy dit que la France traverse une crise suprême; il lui faut des représentants énergiqnes ; on doit choisir pour députés des hommes ayant, comme lui, donné des gages à la liberté. Il a été sur les barricades en 48 ; il se serait trouvé aux côtés de Baudin en 1851, mais il était alors en prison comme condamné politique. Un dévouement comme le sien sera bientôt utile, *car le moment approche où il faudra appliquer les principes de la Convention et imiter l'énergique Danton*. (*Applaudissements et avertissement donné au bureau*).

9 *Mai*. — *Rue Monge*.

Le Président, **M. Chalin**, annonce que M. Jules Favre s'est enfin décidé à poser sa candidature dans la 7e circonscription. Il s'étonne qu'il le fasse si tardivement ; il s'étonne surtout que, comme les autres candidats, il ne se soit pas encore présenté devant les électeurs. Nous sommes tous égaux, et, pas plus qu'un autre, le citoyen Jules Favre ne peut se dispenser de se présenter devant ceux dont il demande les suffrages... (*Applaudissements.*) Nous espérons que le citoyen J. Favre viendra devant nous à la prochaine réunion.

M. Jeandon pose la candidature de M. Rochefort qui va se faire représenter à Paris et qui parlera à ses électeurs en écrivant, puisqu'il ne peut le faire d'une autre façon.

M. Cantagrel s'explique sur le bruit qui a couru à son sujet, que le chef du pouvoir exécutif lui aurait fait grâce de dix-huit mois de prison. Condamné sous le régime de Juillet, il devait se constituer le 24 février 1848, la Révolution triomphante l'a délivré de la prison. Représentant du peuple, il a été, le 13 juin 1849, condamné à la déportation avec Esquirol, Considérant, etc... ; il s'est réfugié en Belgique et en Amérique, où il a étudié les institutions des peuples libres ; l'amnistie lui a permis de rentrer en France sans qu'il se soit humilié.

Il va examiner la position de chacun de ses concurrents, MM. Horn, Hérold, Rochefort, Frédéric Morin.

A ce moment, **M. Carl** s'étonne que l'on oublie son nom. Lui aussi est candidat.

M. Cantagrel lit un article de l'*Avenir national* annonçant que M. F. Morin se retire à Lyon devant M. Esquiros et cède la place à M. J. Favre, qui saura rétablir l'unité dans le parti.

M. Cantagrel désapprouve ce système de coaction qui est antidémocratique ; on ne doit s'incliner que devant le suffrage universel, qui est déjà trop restreint et qu'il ne faut pas restreindre encore. Il approuve M. Esquiros d'avoir persisté et M. Bancel d'avoir repoussé le défi de M. Ollivier, lequel est une atteinte au droit du suffrage universel. Il invite M. Frédéric Morin à s'expliquer sur le retrait de sa candidature.

Ce même système de coaction qui a prévalu à Lyon, on veut encore l'appliquer ici au profit de M. J. Favre ; déjà MM. Hérold et Morin se retirent devant ce candidat, dont je reconnais le talent oratoire ; mais il ne suffit pas de parler et d'écrire, il faut agir ! M. Jules Favre attend que je me désiste devant lui, je porte un drapeau dont les principes sont plus larges que ceux de M. J. Favre et qui est suivi d'un grand nombre d'électeurs ; ce drapeau ne s'abaissera pas devant la volonté d'un homme ! C'est à vous, électeurs, à résoudre la question ! M. Jules Favre fait de beaux discours ; *mais quelle serait son attitude dans certaines circonstances ? Quand je vois que nous sommes peut-être à la veille d'événements formidables, que je n'appelle pas, mais que je suis prêt à accepter*, je me reporte à 1849 ; il y aura peut-être un lendemain... *est-on prêt pour ce lendemain ? M. Jules Favre est-il prêt ?* Mon drapeau n'est pas à moi, il est à vous! Ma candidature ne peut se retirer que devant la volonté formelle des électeurs.

Le président fait connaître que les réunions électorales devant cesser cinq jours avant le vote, on organisera pour cette période des réunions publiques traitant du mandat civil et judiciaire. « Nous éviterons ainsi, dit-il, les inconvénients du silence. »

M. Boulard, démocrate socialiste radical, demande à M. Cantagrel comment il peut concilier ses principes socialistes avec l'abus qu'il a fait du monopole et des priviléges.

M. Cantagrel répond qu'il a inventé une pompe à eau dont la ville a fait usage et qu'il s'est associé avec le propriétaire d'un brevet d'invention. Il a eu à cette occasion un procès avec M. Boulard et d'autres personnes, qui ont été condamnées. Il pense avoir eu le droit d'exploiter son travail.

Après ces explications, M. Cantagrel se retire pour assister à une autre réunion.

M. Gaston Carl développe sa profession de foi socialiste; il a été, dit-il, rédacteur du *Peuple,* et à ceux qui lui reprochent d'être trop jeune, il répond qu'il faut de jeunes hommes pour soutenir énergiquement leur mandat et *mourir s'il le faut.*

M. Pasquier commence par dire qu'il est ancien maître d'école...

Une voix. Il n'en faut pas.

L'interrupteur, forcé de monter à la tribune, dit se nommer Drigny. Il reproche au sieur Pasquier d'avoir été en prison.

M. Pasquier répond qu'il n'en connaît pas la cause.

Un assistant fait observer que le sieur Drigny est un ivrogne, et on le met à la porte.

M. Pasquier expose son programme; il veut la décentralisation, l'élection des magistrats municipaux; il veut aussi que le gouvernement passe du souverain à l'assemblée législative.

M. Pierron pose la candidature de M. Rochefort, qui sera appuyé par toute la jeunesse des écoles. Il rappelle la *Lanterne*, ce soufflet infligé aux puissants du jour, et il va au-devant de l'objection tirée de la condamnation encourue par Rochefort.

9 *Mai.* — *Rue du Faubourg-Saint-Jacques*, 81.

Au début de la séance, a lieu une vive discussion au sujet d'accusations portées contre M. Henricy par M. Chardon.

M. Henricy traite son adversaire d'infâme calomniateur; il est prêt, dit-il, à répondre victorieusement à toutes les accusations.

M. Machéridon, qui se dit étudiant, vient soutenir la candidature de M. Rochefort, dont la profession de foi doit paraître le lendemain dans le Réveil : Rochefort est jeune, dit-il, mais il a fait ses preuves, et il sera soutenu par la jeunesse des Ecoles.

Le président est opposé à la candidature de M. Rochefort; il lui préfère M. Cantagrel, qui, pour la défense du pays, a failli se faire fusiller aux Arts-et-Métiers. Il demande à M. Machéridon si M. Rochefort accepte la transformation des salariés en producteurs libres, et comment il compte arriver à cette transformation.

M. Machéridon lui répond que la profession de foi de M. Rochefort le lui apprendra.

Le Président reproche à M. Jules Favre d'avoir, de concert avec M. Rouher, attaqué les matérialistes.

M. Decour met en suspicion tous les candidats proposés qu'il appelle *des phraseurs vivant de l'argent du public.*

Ces paroles soulèvent de nombreuses protestations et un violent tumulte. Une altercation s'engage entre le président et l'orateur, et l'assemblée retire la parole à ce dernier.

M. Frédéric Morin déclare qu'ayant appris que Jules Favre, l'éminent défenseur d'Orsini, posait sa candidature dans la 7e circonscription, il vient demander à ses électeurs s'il ne doit pas se retirer.

Le Président s'étonne, et il conseille à M. Morin d'attendre le premier tour de scrutin.

M. Bosquet est indigné de voir les électeurs réunis dans un local aussi misérable. Ce n'est pas au bureau qu'il s'en prend. « Quand je frappe, dit-il, *c'est là-haut*, vous me comprenez bien ! (*Vifs applaudissements !*)

M. Cantagrel est chaleureusement acclamé à son entrée dans la salle.

Il s'étonne de ce que ses adversaires ne sont pas encore entrés en lice; il donne lecture de la lettre de Jules Favre aux électeurs de la septième circonscription et déclare qu'il ne se désistera pas de sa candidature et ne s'inclinera jamais devant un drapeau qui n'est pas le sien.

S'il était à la Chambre, il dirait à Jules Favre qu'il n'est point à la hauteur des questions qu'il traite et moins encore à la hauteur des aspirations socialistes du peuple.

Une voix crie dans la salle que M. Jules Favre peut être un grand politique, mais qu'il ne partage pas les idées socialistes de ses électeurs.

M. Fermé critique la candidature de M. Jules Favre, qui, dit-il, cache des menées occultes, et demande que M. Morin retire sa candidature, car il est indigne du mandat qu'on pourrait lui confier.

M. Gaston Carle lit sa profession de foi :

La question sociale est résolue, dit-il, et il faut en finir; les finances sont dans un état déplorable et nous sommes à la veille d'une banqueroute scandaleuse; toutes les libertés qu'on nous accorde avec tant de parcimonie ne sont que des traquenards; il nous faut toutes les libertés qu'on nous a ravies et qu'on ne nous a pas encore rendues. *Nous voulons l'abolition du pouvoir d'un seul individu!* Le gouvernement ne nous envoie pas ses candidats, et il a très-bien fait, car ils sont jugés d'avance!

Voix. *Et lui aussi!*

M. Carle accepte le programme de la démocratie et le mandat impératif dans toute son étendue.

« Je suis imbu des idées socialistes de l'époque, et tout jeune que je suis encore, j'affirme que je suis un homme convaincu. » (*Applaudissements. — Bruit. — Tumulte.*)

Autre compte rendu des réunions du 9 mai

Réunions de la rue Monge, du faubourg Saint-Jacques et de la rue des Fourneaux.

Toute la circonscription est en émoi. La candidature inopinée et inexplicable de M. Jules Favre soulève les plus violentes protestations.

M. Morin est interpellé avec violence.

Le lecteur sait ce qui s'est passé. Deux des candidats de la 7e circonscription, ceux qui semblaient avoir le moins de chances, MM. Hérold et Frédéric Morin, sont allés trouver M. Jules Favre et l'ont prié de se présenter en leur lieu et place, — et M. Jules Favre, qui se présente en même temps dans sept ou huit autres circonscriptions en France, a accepté la candidature.

M. Morin, rue Monge et rue du Faubourg-Saint-Jacques, explique que M. Hérold et lui ont agi ainsi dans un but d'union démocratique. La multiplicité des candidatures créait, selon lui, un danger. Il espère que les autres compétiteurs s'effaceront devant le grand orateur de la démocratie. Ces paroles sont très-mal accueillies du public.

Des orateurs, s'exprimant avec une âcreté peut-être excessive, s'écrient qu'il est temps de montrer le dessous des cartes. Le but auquel M. Frédéric Morin prétend s'être sacrifié est, d'après eux, une plaisanterie que nul ne peut prendre au sérieux.

La 7e circonscription est complétement acquise à la démocratie radicale; pas de candidature gouvernementale à combattre; dès lors où était la nécessité de faire intervenir une grande notoriété démocratique pour rallier tous les votes? Non, non, il y a là une manœuvre! Les candidats qui sont allés solliciter M. J. Favre savent très-bien que le célèbre avocat sera, comme en 1863, élu dans des circonscriptions de province; ils savent qu'il optera pour une de ces dernières; ils savent que, dans ces circonscriptions, — comme il le fit en 1864 en faveur de Garnier-Pagès, — M. Jules Favre patronnera, recommandera une candidature nouvelle à ses électeurs de Paris, et c'est ce patronage qu'ils demandent.

M. Jules Favre, en se prêtant à cette tactique, abuse, en vérité, de son nom et de sa célébrité; le suffrage universel ne doit pas subir cette direction despotique.

On admire le talent de M. Jules Favre; on estime son caractère; mais on ne veut plus d'idole.

Quant à MM. Hérold et Morin, puisqu'ils ont cru devoir se retirer, c'est bien : qu'ils restent à l'écart; qu'ils y restent absolument, et qu'ils ne viennent pas plus tard, sous le couvert de M. Jules Favre, se présenter devant des électeurs qu'ils ont prétendu traiter comme un troupeau de moutons.

J'expose simplement le fond des critiques dont la conduite

de MM. Hérold et Morin a été l'objet. La forme de ces attaques a été, je le répète, d'une violence qui dépasse la mesure.

M. Cantagrel a déclaré qu'il resterait devant M. Jules Favre, ne fût-ce qu'à titre de protestation contre une telle manière d'agir.

Les plus tumultueux applaudissements ont accueilli ces paroles. (*Réveil.*)

---

10 *mai.* — *Rue du Faubourg-Saint-Jacques.*

M. Frédéric Morin expose le programme accepté par tous les esprits vigoureux *à la veille d'une révolution.* « On est d'accord aujourd'hui, dit-il, comme on ne l'était malheureusement pas en 1848, sur la séparation de l'Eglise et de l'Etat et sur la suppression des armées permanentes. Nous sommes sûrs, a-t-il ajouté, de triompher prochainement. » Il insiste sur la nécessité de constituer une extrême gauche revendiquant des réformes que le gouvernement actuel n'accordera jamais. *La France comprendra alors ce qu'elle a à faire, et ce jour-là, elle deviendra libre.* (*Avertissements du commissaire repoussés par le président et maintenus par le magistrat.*)

Je suis socialiste libéral, a continué M. Morin. Quant à mes antécédents, j'ai protesté contre le 2 Décembre, j'ai refusé le serment, j'ai été arrêté en 1853 et 1854, deux fois en 1857, je l'ai été encore en 1863, où mon attitude à Lyon a nécessité l'intervention d'un régiment entier, et ma devise est ce vers sublime de V. Hugo :

Je hais tous les tyrans d'une haine profonde.

Nouvel avertissement du commissaire; nouvelle protestation du bureau.

M. Fribourg interpelle M. Morin. Il lui demande si, en 1863, à l'époque où il était déjà socialiste, il n'a pas écrit un livre qui exalte Saint-François d'Assises et les Franciscains. Il lui demande encore pourquoi il n'a pas parlé de ses collaborateurs Pelletan et Grégory Ganesco, et si, tout en développant les théories de la morale indépendante, il n'a pas fait baptiser, en 1857, son enfant à Saint-Germain-l'Auxerrois.

Le président s'oppose à ce que M. Morin réponde à de telles questions. Cependant, le candidat excuse son livre sur les Franciscains, en invoquant l'exemple de M. Littré, qui a écrit sur les Bénédictins.

« Au moyen-âge, dit-il, les Franciscains ont participé au progrès. Saint François d'Assises a refusé tout contact avec l'empereur d'Allemagne. Je l'en ai loué. Du reste, mon livre est un livre de jeunesse. Je ne l'écrirais pas ainsi aujourd'hui. J'aurais beaucoup à y ajouter. Mais j'ai été limité par la librairie Hachette (*Rires ironiques.*) Je suis l'adversaire de la théocratie pontificale.

» Quant à mes relations avec M. Ganesco, il était alors l'ennemi du gouvernement.

» Si j'ai fait baptiser mon enfant... »

Ici le président interrompt l'orateur. Et, sous le prétexte de l'avertissement donné par le commissaire de police, il s'oppose, dans un intérêt de paix, et par respect de la liberté de conscience, à ce que le candidat s'explique sur le baptême de son enfant.

M. Cantagrel parle de ses démêlés avec le parquet, à cause de ses affiches. Il veut que le peuple discute un programme et donne un mandat impératif, la démocratie ne pouvant se fier à la probité de personne. Il continue ainsi : « Il y a vingt et un ans, une révolution généreuse, en renvoyant un pouvoir détesté, a eu cet immense honneur, de ramener pour la deuxième fois la République. (*Bravo! bravo!*) Elle a aboli l'esclavage, la peine de mort en matière politique ; elle a donné le suffrage universel; vous savez comme elle en a été récompensée. L'impôt des 45 centimes a été prélevé en faveur des réactionnaires.

Plus tard est venue l'affaire de Rome. Il existait un article de la Constitution qui défendait au président de la république de déclarer la guerre. Il a violé son serment, et j'en étais. C'est de l'histoire, ça, et je puis en parler. L'article de la Constitution défendait de déclarer la guerre. Il a détruit la République romaine. *C'est le plus grand crime qu'il ait commis, et il en a commis bien d'autres.*

Un autre fait qui m'appartient, je m'en empare.

Par une nuit sombre, on a violé tous les serments, on s'est parjuré ; on a renvoyé la garde même qui avait été confiée pour la sûreté du corps national. On ne s'est pas borné à cela parmi les plus mauvaises têtes du peuple, on en a pris je ne sais plus le nombre, mais le crime n'en est ni plus grand ni plus petit. On a violé toutes les lois divines et humaines. (*Bravos, salves d'applaudissements, tumulte.*)

En ce moment, le commissaire prononce la dissolution de l'assemblée; le bureau proteste; des vociférations, des injures, des menaces s'élèvent de tous les points de la salle contre le magistrat. On se retire cependant.

---

11 *mai.* — *Rue des Cordelières*, 3.

Le président lit une lettre de M. Cantagrel qui s'excuse de ne pouvoir assister à la séance, et se dit poursuivi à raison du discours prononcé par lui rue du Faubourg-Saint-Jacques.

M. Hérold retire sa candidature devant celle du plus éminent des députés de la Seine, bien qu'elle ait été posée sans son assentiment.

M. Roullier ne veut pas pour députés de ces avocats qui traitent les électeurs comme une marchandise; il leur préfère M. Cantagrel, qui a au moins une pointe de socialisme. Il trouve étonnant que ceux qui briguent leurs suffrages veuillent leur imposer des conditions, et les compare à des commis-voyageurs qui veulent bien colporter les marchandises des maisons qu'ils représentent, mais n'en veulent pas parler, parce qu'ils ne pourraient pas les vendre. Il reproche à M. Jules Favre d'avoir été le promoteur de la loi sur la déportation et d'avoir mis en accusation Louis Blanc et Caussidière ; il ne veut plus de ces candidatures officielles démocratiques, résultat d'une conspiration de journalistes; ce qu'il lui faut, ce sont des candidats qui fassent cesser l'exploitation dont sont victimes les ouvriers. Il reproche à M. Jules Favre d'avoir soutenu les miracles de la Salette et de quitter la Chambre pour aller plaider.

M. Hérold dit que la candidature de M. Jules Favre est sortie *de la défense d'Orsini*. — (*Vives dénégations*).

M. Wuillaumez déclare ne point accepter la candidature que de nombreux électeurs lui ont offerte; il considère les questions sociales comme inséparables des questions politiques; il fait l'éloge de Marat, *le plus grand des économistes*, et demande que le mandat annal soit imposé aux candidats.

Il engage les ouvriers à demander le droit d'association, l'impôt progressif, l'abolition des octrois et des armées permanentes.

M. Roy trouve que tous les orateurs qui viennent de parler ont mal traité la question ou l'ont fait d'une façon peu digne. Il se demande quel est en somme le candidat?

Voix. Rochefort! Cantagrel!

L'orateur croit l'armée nécessaire à la sécurité de la France; il rappelle que Raspail a envahi l'assemblée à la tête de deux mille six cents individus. Il demande un honnête homme pour candidat.

L'assemblée lui retire la parole.

M. Bisson refuse la candidature qui lui a été offerte par un groupe des martyrs de juin 1848 ; il ne veut pas de M. Jules Favre, qui a fait transporter deux mille individus après les journées de juin, et qui représente la caste bourgeoise et non le travail.

M. Parrot reproche à MM. Hérold et Frédéric Morin de s'être retirés devant M. Jules Favre ; il ajoute que ce dernier n'a rien fait pour le socialisme, et que son élection serait une honte pour les ouvriers. (*Oui! oui!*)

M. Eugène Témot prononce au milieu des cris de l'assemblée quelques paroles en faveur de M. Jules Favre.

M. Buisset s'étonne que M. Jules Favre se présente dans la 7e circonscription, quand il est sûr d'être élu sept ou huit fois ailleurs; il ne veut pas que le candidat se fasse représenter dans les réunions par des mandataires. (*Vive approbation.*)

On veut mettre aux voix le rejet de la candidature de M. Jules Favre.

M. Limousin dit qu'on la repoussera les 23 et 24 mai.

M Spoll dit que Jules Favre a commis non-seulement des fautes, mais des crimes ; qu'il a voté la déportation, l'augmentation du traitement présidentiel, la destruction de la république romaine. L'orateur se déclare démocrate socialiste ; il veut la séparation de l'Eglise et de l'Etat et la suppression du budget des cultes. Il demande l'élection de M. Rochefort. Il ne faut pas, s'écrie-t-il, des hommes qui aillent s'enfermer dans une mairie ; *il faut qu'ils montrent le chemin.* (*Chaleureux applaudissements.*)

---

11 *mai.* — *Rue Saint-Jacques*, 81.

Le premier orateur, **M. Lardeur**, proteste avec énergie contre le comité, qui favorise spécialement la candidature de M. Cantagrel et annonce que des candidatures nouvelles doivent se présenter.

M. Jeoffroy se plaint vivement de ce que M. J. Favre ait posé si tardivement sa candidature :

« Nous ne sommes pas des pantins, s'écrie-t-il, nous sommes le peuple souverain et nous sommes dignes de l'être. » (*Bruit.*)

M. Eugène Delattre fait l'éloge de M. H. Rochefort, dont il est le mandataire. Il lit sa profession de foi, et dit que « la France, l'Europe et le monde civilisé se plaisent à reconnaître que depuis longtemps on n'a donné un aussi grand exemple de l'amour de la liberté. Tout le monde, d'ailleurs, connaît l'auteur de la *Lanterne*, qui a su prendre la liberté de la presse, et qui, s'il est élu, contrôlera le gouvernement et ne laissera pas passer des petits déficits de 500 millions. (*Bravos d'une part. — Cris de : Vive l'Empereur ! de l'autre. Tumulte indescriptible.*)

Le Président donne lecture d'une protestation d'un sieur Deneux, contre le désistement de MM. Hérold et Frédéric Morin, en faveur de M. Jules Favre. (*Bruit.*)

M. Cantagrel confirme ces allégations et s'élève également contre l'attitude du chef de l'opposition, qui aura pour effet d'écarter M. Esquiros à Lyon et sa propre candidature à Paris.

M. Cantagrel développe son programme, qu'il pense plus complet que celui de M. Jules Favre, qui, à son avis, devra être mis en demeure de manifester clairement l'attitude qu'il croit devoir adopter.

M. Cantagrel rappelle sa comparution devant M. de Gonet pour un discours prononcé dans une réunion dissoute, et affirme hautement qu'on a le droit de parler politique dans les réunions électorales.

Il termine en protestant de nouveau de son radicalisme et s'écrie : « Enfin ! une des causes qui font que je ne puis pas m'effacer devant Jules Favre, c'est que je ne vois pas inscrites sur son drapeau des formules démocratiques qui sont inscrites sur le mien. »

M. Cantagrel quitte la tribune au milieu des bravos, et part pour une autre réunion tenue à Grenelle.

M. Pierron propose d'écarter par un vote de l'assemblée la candidature de M. Jules Favre, comme antidémocratique et destinée à produire une diversion dans la 7e circonscription. Cette candidature fait les affaires du pouvoir et nullement les nôtres, témoignons notre vif mécontentement. (*Applaudissements*).

M. Gaston Carle se présente comme candidat socialiste et tout dévoué aux intérêts du socialisme (*Murmures*), dont il fait rapidement l'historique depuis 1789. (*Bruit, cris.*)

Une voix. *Nous ferons un nouveau* 93. (*Avertissement du commissaire de police*).

L'orateur, arrivant à 1848 et 1852, parle *d'un homme qu'on reconnaîtra facilement* et qui a fait un ouvrage sur le paupérisme et les moyens d'y remédier. Cet homme, il appartient à l'histoire et on a le droit de le juger sévèrement.

Après un nouvel avertissement, le sieur Carl, continuant ses violentes allusions, le commissaire dissout la réunion. (*Protestations et cris.*)

L'Assemblée se retire en tumulte aux cris de : *Vive Rochefort ! Vive la Liberté !*

---

11 *mai.* — *Rue Croix-Nivert* (Paris-Grenelle).

M. Lonchon annonce que M. Henry Rochefort se porte candidat (*Bravos*) et invite les électeurs à voter pour lui.

M. Polge signale ensuite une petite manœuvre de M. Jules Favre, « qui, ne voulant pas se présenter dans la 3e circonscription en concurrence avec *le traître* Ollivier, » a préféré se porter contre le citoyen Darimon ; mais lui a opposé d'abord les citoyens Hérold et Frédéric Morin, et n'a révélé sa propre candidature que dimanche, par la voix du *Siècle*, lequel a annoncé le retrait de celles des citoyens Hérold et Morin.

M. Polge pense d'ailleurs que M. Jules Favre, en cas d'élection multiple, optera pour le Gers et tentera de faire nommer M. Hérold à Paris et M. Morin à Lyon.

M. Boulard voit dans cette conduite un acte de patriotisme. (*Bravos ! — Protestations*).

M. Humbert dit que M. Jules Favre a débuté par la trahison en 1835; qu'il a refusé de s'associer à la démonstration qui se fit à la cour des pairs; qu'en 1848 il est arrivé à la Chambre en pleurnichant pour réclamer la proscription contre Louis Blanc; que celui qui a exilé Louis Blanc s'appelle Jules Favre et non Bonaparte; que Jules Favre, pour l'expédition romaine, a voté 200 millions contrairement aux intérêts de l'Etat; qu'il était à la fois catholique et républicain, et qu'il a sacrifié les intérêts de la liberté au catholicisme.

M. Polge déclare qu'il y a eu des hommes qui s'appelaient Félix Pyat, Ledru-Rollin; des hommes qui ont demandé la mise en accusation du prince qui avait trahi la République. (*Avertissement du commissaire de police. Le bureau proteste*).

M. Polge conclut enfin qu'il faut nommer M. Cantagrel ou M. Rochefort, et non M. Jules Favre. (*Applaudissements, protestations, tumulte.*)

Le président, ne pouvant rétablir le calme, lit l'article 6 de la loi sur les réunions.

M. Henricy, candidat, dit qu'il est un « revenant de 1848 », un ami et un complice de tous les hommes qui ont versé leur sang pour reconquérir la liberté, et à cause de cela un proscrit de l'intérieur. Il ajoute qu'il faut des hommes énergiques, ne reculant pas devant la lutte contre cette politique qui conduit la France à la honte.

L'orateur déclare qu'il respecte l'empereur, mais qu'il blâme sa politique en Russie, au Mexique, etc., etc. Il demande enfin l'abolition de la guerre et des armées permanentes.

M. Cahen. Vendredi, il a dit le contraire. Est-ce que vous n'avez pas été rédacteur au *National* ? (*Bruit. — Cris : A la porte !*)

L'orateur. — Oui, monsieur Cahen. Alors, vous êtes journaliste ; ne dites pas que vous êtes ouvrier.

M. Henricy. — Si vous voulez apprendre qui je suis, allez à l'imprimerie.

M. Blot. Je me fais honneur d'avoir été matelot pendant dix ans, et, parce que j'étais républicain, ce titre m'a toujours empêché d'arriver à un grade. Ceux qui ont élevé les barricades en 1848 et en 1852 étaient mes amis, et si je n'ai pas figuré à celle où Baudin a été tué, c'est que j'étais en prison.

En 1856, j'ai publié à Bruxelles un livre très-fort. Voltaire était malade à chaque anniversaire de la Saint-Barthelémy, moi, je suis malade aussi à certain anniversaire.

J'ai au service de la démocratie une audace rare. Je suis un démocrate, et je donnerais ma vie pour la France si cela était utile.

M. Domergue reproche à M. Henricy d'avoir dit, vendredi dernier : 1° Qu'il fallait à la France des armées permanentes pour ne pas devenir russe ou allemand ; 2° que tout citoyen devait être porteur d'un livret.

M. Henricy répond qu'il a écrit quatre-vingts volumes in-8° et qu'il défie d'y trouver une seule phrase qu'il ait à rétracter. Il ne veut pas une grande armée permanente, mais, si demain on supprimait l'armée, on ne serait plus Français. Quant au livret, il veut que maréchal de France, sénateur, tout le monde ait le sien. (*Protestations générales.*)

M. Gauttard combat M. Jules Favre, qui s'est montré hostile aux doctrines ouvrières, et qui a retiré le morceau de pain qu'on demandait pour les vieillards. Il estime Rochefort mais non les avocats sous lesquels se cachent les criminels.

M. Camille Adam soutient la candidature de M. Rochefort, l'homme, selon lui, le plus désagréable de France au Gouvernement, tandis que M. Jules Favre est devenu un homme agréable au Gouvernement.

M. Rambaud veut soumettre à l'Assemblée un petit travail que, en sa qualité de typographe, il a préparé en vue de son élection, mais l'Assemblée s'y opposant, il s'en réfère à sa profession de foi qui va paraître.

M. Delattre, mandataire de M. Rochefort, représente celui-ci comme ayant tout fait pour reconquérir les libertés de 1789. Il lit dans le *Rappel* la profession de foi de ce candidat.

A ce passage : « Démocrate et socialiste » une voix crie : *Nous n'en voulons pas* !

Une autre voix demande depuis quand Rochefort est socialiste.

M. Delattre. Depuis qu'il tient une plume.

Voix. Il ne l'était pas dans le ventre de sa mère.

M. Delattre explique ensuite que, comme Voltaire, M. Rochefort veut aller au cœur de tout le monde. Candidat radical, il ne veut pas qu'on dise : A demain. Il veut la disparition de l'injustice, et il rappelle cette institutrice dont la pension a été liquidée à 38 fr. par an. Il veut la suppression des armées, se souvenant d'Arlequin, qui donnait des tambours et des trompettes à ses enfants, en leur disant : Amusez-vous, mais ne faites pas de bruit. il veut des jurés partout. Après avoir lu l'article écrit par M. Rochefort dans le *Rappel* du 1er mai, l'orateur dit que le candidat veut joindre des actes aux paroles; se rappelant que l'arrestation de Manuel à la Chambre a avancé l'heure de la liberté. Si M. Rochefort n'obtient pas cette liberté, il déposera son mandat. Il sait qu'elle n'a jamais été que le produit du génie et du martyre. (*Bravos prolongés.*)

M. Cantagrel voudrait voir M. Rochefort avec lui au Corps législatif. Il est prêt à retirer sa candidature si les électeurs le veulent, mais pas devant M. Jules Favre, qui s'est posé comme un candidat devant qui tous les autres doivent s'effacer. Il lit sa profession de foi, puis il dit qu'il ne s'agit point de complimenter MM. Rouher et de la Roquette de leur éloquence ; qu'il faut des faits; que, sous la Restauration, il y avait des ministres plus honnêtes que M. Rouher (*Avertissement du commissaire de police*) ; qu'il ne faut pas demander la liberté, *mais la prendre ;* qu'il n'y a qu'un souverain, l'élu du suffrage universel ; *qu'il ne faut pas de pouvoir exécutif;* qu'il faut la paix entre les peuples libres et formant une confédération européenne ; que la suppression des armées permanentes permettrait au peuple de se gouverner lui-même. Il termine en récriminant contre l'insistance qu'un interrupteur met à l'inviter à définir le socialisme, et il annonce qu'il est poursuivi en raison d'un discours prononcé dans une précédente réunion.

---

12 *mai.* — *Rue des Fourneaux*, 60.

M. Deberle, qui trouve tardive la candidature de M. Jules Favre, fait l'éloge de ce dernier comme orateur, et le blâme comme homme politique. Il le veut cependant à la Chambre, mais comme député du Gers, combattant M. Granier de Cassagnac, l'homme qui fait le plus de mal au Gouvernement.

Jules Favre a dédaigné les réunions publiques ; le comité, sans le combattre, désapprouve la forme dans laquelle sa candidature s'est produite ; sa conduite, qui porte atteinte à la dignité du peuple souverain, est préjudiciable à Cantagrel et à Henri Rochefort.

M. Pouret demande l'exclusion de tout candidat qui ne se présente pas devant le peuple.

M. Dubuc fait savoir que Garibaldi attend avec impatience le résultat de nos élections, et que les proscrits de Bruxelles comptent sur la nomination d'Henri Rochefort. L'orateur revendique pour les colonies le droit de représentation. Il faut nous rappeler que, le 2 décembre, on a célébré cette fête, à Saint-Denis, cette fête semblable aux sacrifices antiques qui réclamaient des victimes humaines, et qu'on a massacré des enfants dans les rues. (*Avertissement du commissaire de police.*)

M. Delattre prend la parole pour Henri Rochefort (*Applaudissements.*) Il lit le programme de ce candidat, dont il glorifie l'audace.

M. Polge essaye de faire le panégyrique de Cantagrel ; mais devant l'attitude tumultueuse de l'assemblée, le président retire la parole à l'orateur. M. Deberle ajoute que M. Cantagrel a été cité pour excitation à la haine et au mépris du gouvernement. Voilà, dit-il en terminant, la liberté dont nous jouissons. Ne l'oublions pas le jour du vote !

---

12 *mai.* — *Rue Monge.*

M. Victor Coste présente la candidature de M. Rochefort, qui apportera à la tribune le courage et la liberté qu'il a montrés dans la publication de la *Lanterne.*

M. Camille Adam défend avec une grande exaltation la candidature de Rochefort. « Il faut, dit-il, que 1869 affirme sa couleur, la couleur *Rouge-Fort !* »

M. Carchon votera pour Cantagrel. Il ne veut pas de Jules Favre ; il repousse aussi Rochefort, ennemi personnel de l'Empereur, qui fera de l'opposition quand même. Il se retire devant les bruyantes protestations de l'assemblée.

M. Ruthion dit que l'Empereur est un être collectif, qui ne peut avoir d'ennemis personnels. (*Bruit. — Etonnement de l'assemblée.*)

---

12 mai. — Rue des Cordelières.

M. Tolain combat la candidature de Jules Favre. Il rappelle sa conduite et le rôle qu'il a joué en 1848. Il lui reproche de n'avoir pas été un instant socialiste, d'avoir, après les affaires de juin, acquiescé au conseil de guerre, à la mise en état de siége, aux transportations, d'avoir été l'un des promoteurs de la première expédition romaine, de n'être pas un homme politique. (*Quelques protestations.*)

M. Cantagrel entre dans la salle; il est vivement applaudi par le groupe de ses partisans.

M. Tolain poursuit le cours de ses attaques contre Jules Favre, qui a mis en accusation Louis Blanc, et a tout récemment blâmé Proudhon en pleine tribune. M. Cantagrel, au contraire, s'est opposé à l'expédition romaine et a été expulsé de France après le 13 juin. Quant à Rochefort, il ne peut être le représentant des ouvriers.

M. Henricy se plaint avec aigreur de ce que M. Tolain n'ait pas même daigné parler de lui ; il est pourtant depuis trente ans sur la brèche de la démocratie. Il lit sa profession de foi. Il engage les électeurs à porter leurs suffrages sur des candidats démocrates radicaux.

M. Cantagrel préfère le titre de représentant du peuple à celui de député. Il n'a pas été, comme on l'accuse, grâcié de dix-huit mois de prison par Napoléon III ; c'est l'avénement de la République qui l'a libéré de sa peine. Après le 13 juin, il a été condamné à la déportation, et, dit-il, « les motifs incroyables de cet arrêt sont que j'avais voulu renverser la République... A cette époque, le chef du pouvoir exécutif était celui qui a fait le 2 décembre. » L'orateur regrette de ne pouvoir parler du 2 décembre, mais il ne veut pas faire de bravade inutile; il a assez d'un procès sur les bras. Il est prêt, toutefois, à souffrir le martyre pour sa cause, comme il l'a fait en 1848. Il compare les institutions de la Suisse et des Etats-Unis aux nôtres, et voudrait que le pouvoir exécutif « dépendît du pouvoir législatif qui est le délégué du peuple, le seul souverain. »

Sur un avertissement du commissaire de police, le président fait observer à l'orateur qu'il ne doit pas discuter la Constitution.

M. Cantagrel considère la propriété comme un fait et non un droit; il dit que l'égalité ne peut pas exister avec le salariat. Il attaque les députés de l'opposition et promet de demander plus de libertés qu'ils ne l'ont fait.

Une voix. Et les moyens?

L'orateur répond qu'il présentera des amendements aux lois proposées; que ses amendements seront refusés, et que les lois étant mauvaises mécontenteront le peuple, qui sentira alors qu'il n'est pas gouverné comme il doit l'être.

On crie : Vive Cantagrel !

'orateur dit qu'il faut acclamer des principes et non des mmes et crier : « Vive la République ! »

---

13 *mai*. — *Gymnase de la Sorbonne.*

La salle est comble ; une foule considérable stationne aux abords.

On crie : Vive Rochefort ! et dans certains groupes, on chante *la Marseillaise.*

La réunion est présidée par M. Arthur Arnould.

M. Delattre, mandataire de M. Rochefort, lit la profession de foi de ce candidat. (*Applaudissements.*)

Voilà, dit-il, l'homme que nous devons élire. Il écrit la vérité comme Voltaire, et il la dira à la Chambre s'il est député; il appelle les choses par leur nom. — Devant une caisse vide, il dirait qui l'a vidée. On peut le voir battant le rappel à la frontière. » L'orateur expose les opinions politiques et sociales de M. Rochefort, et termine en disant que si M. Rochefort est élu, on n'osera pas l'arrêter. (*Applaudissements prolongés.*)

M. Polge attaque la candidature de M. Jules Favre, en demandant une députation plus accentuée qu'en 1863. Il parle au milieu d'un bruit considérable. On ne cesse de crier : *Vive Rochefort ! vive Rochefort !*

M. Desmazurès, architecte, combat aussi la candidature de M. Jules Favre. M. Jules Favre, dit-il, va à la messe tous les dimanches. Je veux le raser comme avec un rasoir. (*Sifflets.*)

M. Louis Macon estime M. Jules Favre, mais M. Jules Favre se porte dans dix-huit circonscriptions. Il demande qu'il se retire devant M. Rochefort, qui est la grande figure de la jeune génération.

M. Victor Cosse invite les électeurs à se retirer, par groupes, dans les cafés pour signer une adresse à M. Jules Favre, afin qu'il retire sa candidature.

M. Jeandot dit que M. Rochefort, ne se présentant pas en personne, sa candidature n'est pas sérieuse. (*Réclamations. Cris de vive Rochefort ! Bruit formidable.*)

MM. Paul Reclus et **Bernard** protestent contre la candidature de M. Jules Favre. C'est un homme qui a toujours été fatal. En 1848, il a été rapporteur contre Caussidière et Louis Blanc.

M. Cosse invite M. Paul Reclus à monter à la tribune, afin de rédiger l'adresse à M. Jules Favre.

A ce moment, le bruit devient des plus violents. Le tumulte ne cesse plus, et le président est obligé de lever la séance.

---

13 *mai.* — *Rue du Faubourg-Saint-Jacques*, 81.

M. le président, après avoir fait part des protestations qu'il a reçues au sujet de la dissolution de la dernière réunion, invite l'assemblée à être calme. Il annonce la nouvelle candidature de M. Jules Favre et lit une protestation du comité électoral.

M. Breuillier dit que Jules Favre a toujours trahi le parti démocratique; il répète ce qu'il a dit la veille, reprochant de plus au candidat d'être académicien, d'avoir sa chaise à Saint-Philippe-du-Roule et d'être Girondin.

M. Maze répète que M. Jules Favre est une des gloires de la France.

M. Parot dit que M. Jules Favre se met en concurrence

avec les démocrates, et que, s'il avait du cœur, il se retirerait; mais, ajoute l'orateur, il y a derrière lui une conspiration de boutiquiers et de journalistes, comme en 1863.

M. Mézirard appuie M. Rochefort comme un homme sérieux : « Nommons un démocrate, nommons un socialiste ! » (*Applaudissements.*)

M. Charlin. — Si M. Jules Favre se présentait, je lèverais devant lui son dossier; n'a-t-il pas dit : « En juin, nous avons eu le bonheur de vaincre le socialisme! » Nous n'avons que deux candidats sérieux, Cantagrel et Rochefort. La question politique et la question sociale doivent marcher ensemble. *Les cadavres des gens assassinés en juin sont entre Jules Favre et nous...* Rochefort nous ferait plus de bien dehors qu'à la Chambre, et même à Sainte-Pélagie qu'à l'étranger. Là il écrirait, et il est plus facile de faire passer des écrits sous la porte de Sainte-Pélagie que d'en faire entrer en France dans des bustes en plâtre. L'orgueil immense de M. Jules Favre serait un péril pour la démocratie. »

M. Fribourg raconte qu'à l'occasion de l'expédition de Rome, il est allé, avec onze amis, prier J. Favre de protester en donnant sa démission, et que ce dernier a catégoriquement refusé. Jules Favre, pratiquant un culte, ne peut demander la séparation de l'Eglise et de l'Etat. Rochefort ne peut siéger; la majorité le laisserait mettre en accusation, et il serait condamné. Alors nous nommerions Cantagrel, et nous aurions ainsi récompensé deux grands citoyens. »

M. Geoffroy ne veut pas d'armée permanente : « Sans l'armée, le 2 décembre n'aurait pas eu lieu. »

---

14 *mai.* — *Rue des Fourneaux prolongée*, 60.

M. Deberle ne peut croire qu'une liberté restreinte puisse rendre des services à la démocratie : il ne veut pas de sang répandu ; mais « les tricornes font mauvais effet dans les réunions et exaspèrent les citoyens. » L'orateur communique une lettre protestant contre la candidature de M. Jules Favre, et l'invitant à se retirer devant MM. Cantagrel et Rochefort.

---

14 mai. — Rue Monge.

M. Victor Casse appuie la candidature Rochefort. Il conseille de ne pas répondre aux provocations des émeutiers, qui ne sont que des agents provocateurs. Soyons prudents, dit-il, ne réveillons pas le spectre rouge que vous connaissez.

M. Allemane demande si Rochefort, ayant moins de voix que Cantagrel, se désisterait en faveur de ce dernier, et s'il accepterait le mandat impératif et annal. Il propose d'envoyer une adresse à Jules Favre, pour le prier de retirer sa candidature.

M. Joffroy proteste contre l'envoi de cette adresse. M. Jules Favre devrait se retirer de lui-même.

M. Casse déclare que Rochefort a proposé lui-même le mandat annal et impératif. Il ajoute que, parmi les électeurs, les rentiers sont pour Jules Favre, les jeunes gens des Ecoles pour Rochefort, les quartiers de la barrière Fontainebleau pour Cantagrel. Il appuie la pétition à Jules Favre, pour l'engager à se retirer; de cette façon, on aurait la majorité pour Rochefort.

M. Joffroy estime que Jules Favre n'aura pas plus de 1,500 voix ; il proteste de l'attitude de ce député, qui ne daigne pas venir dans les réunions, qui n'a rien dans la cervelle. Ce tribun, cet escamoteur se tend un piége maladroit, en montrant partout sa personnalité tapageuse; on le sommera de répondre à ce qu'il appelle son bon peuple.

M. Chalain. Envoyer une pétition au potentat Jules Favre, à l'empereur Jules Favre, c'est lui donner trop d'importance, vous n'y songez pas ! (*Applaudissements.*) Il viendra se casser le nez sur l'urne.

M. Eugène Lequin veut un candidat radical pour saper les armées permanentes.

M. Budio votera pour Rochefort. La France, dit-il, a la fièvre, elle a besoin d'un médecin qui la purge, mais qui ne la saigne pas. Elle a la fièvre, elle a besoin de quelques tonnes de vin d'Espagne. Je voterai pour Rochefort, parce qu'il a pour parrains Victor Hugo persécuté, et Barbès martyr.

M. Allemane votera pour Cantagrel, qui représente le

prolétariat. Rochefort représente le radicalisme, mais non le socialisme.

Joffroy combat Rochefort, qui ignore le socialisme, et qui n'est connu que pour sa *Lanterne*.

M. Chalain soutient Cantagrel, sauf à voter ensuite pour Rochefort, s'il a la majorité au premier tour. Cantagrel a eu les baïonnettes sur la poitrine en 1848, il a douze ans d'exil et de misère. Rochefort a un an d'exil ; il est capable, il est vrai, de mourir comme Baudin, mais ce n'est pas du sang qu'il faut. Il aurait eu plus de chance d'être élu s'il s'était constitué prisonnier pour subir ses condamnations arbitraires.

Avertissement du commissaire de police.

Voix : Et Savart ?

Voix : Laissez-le faire ses savates...

M. Chalain reproche à M. Savart d'avoir fait faire onze heures et demie de travail à ses ouvriers, pendant la grève des coupeurs, en 1864.

---

14 *mai*. — *Rue Croix-Nivert*, 18.

M. Delattre met en avant M. Rochefort, qui, selon lui, représente la puissance invincible de l'idée; il ajoute que le gouvernement ne pourrait arrêter ce candidat, car le gouvernement, qui n'est rien que par le suffrage universel, se percerait lui-même la poitrine s'il frappait l'élu du suffrage universel! D'ailleurs, en tête de la Constitution... (*Avertissement du commissaire de police.*)

L'orateur affirme ensuite que M. Rochefort est socialiste; il prétend que, dans les troubles de la Sorbonne, un cri provocateur de « Vive l'Empereur! » a été poussé par un agent pour amener une manifestion en sens inverse.

---

14 *mai*. — *Rue des Cordelières-Saint-Marcel*, 3.

M. Delattre fait l'éloge de M. Rochefort qu'il représente comme un homme vaillant, courageux et digne des suffrages de ses électeurs.

Parlant des désordres de la veille, à l'occasion de la réunion de la Sorbonne : Il y a eu des blessés, dit-il, du sang versé, on ne sait trop pourquoi. » (*C'est vrai! — Bruit.*) Il est déplorable que l'on use de violence envers les électeurs qui représentent la nation. En ce qui le concerne, il est indigné et il proteste contre cette manière de procéder. (*Ah! ah! — Murmures.*) Blâmant l'énergie que l'autorité avait montrée la veille, il dit : « Ce qui est plus navrant, c'est qu'ils frappent sans savoir pourquoi, ni sans comprendre la nature du remords qu'ils pourraient avoir demain. » (*Bruit, bravos. C'est vrai!*)

Il a reçu une lettre de province dans laquelle on lui demande si Paris n'est pas à feu et à sang, et si les propriétés des citoyens ne sont pas menacées. Dans le cas de l'affirmative, ils voteront tous pour les candidats du gouvernement.

— Citoyens, il faut être calmes, très-calmes; il faut nous armer de courage, il ne faut rien dire, mais il faudra faire sortir de l'urne électorale la destinée de la France! C'est pour cela que je viens vous proposer H. Rochefort. (*Très bien! — Vive Rochefort!*)

Un orateur veut parler de la religion de Rochefort, mais il est interrompu. On crie de nouveau : « Vive Rochefort! »

M. Delattre remonte à la tribune pour dire que Rochefort n'est pas décoré. (*On rit.*)

Quelques voix. Et Savart?

— Oh! celui-là n'est pas notre homme.

Le président annonce que M. Jules Favre est là.

M. Jules Favre monte à la tribune.

On bat le rappel avec les pieds, et l'on crie : « Vive Rochefort! »

Dès les premiers mots, M. Jules Favre est interrompu par le bruit. — Impatienté, il quitte la tribune.

On crie encore : « Vive Rochefort! »

M. Aubert monte à la tribune et s'exprime avec animation: « Il ne faut pas, s'écrie-t-il, que l'on nous impose des caprices de princes, ni des Garnier-Pagès, comme en 1863.

A ces mots, un tumulte indescriptible règne dans la salle. Le commissaire de police donne un avertissement au bureau.

M. Jules Favre, continue l'orateur, est le représentant de la bourgeoisie et des exploiteurs, et non celui du peuple. L'orateur, abordant la vie politique de M. Jules Favre, lui reproche d'avoir fait condamner, à Lyon, en 1835, les républicains Bon et Guinard, et d'avoir dressé l'acte de la mise en accusation de Louis Blanc. Celui qui a envoyé L. Blanc sur la terre d'exil ne s'appelle pas Louis-Napoléon Bonaparte; il s'appelle J. Favre. J. Favre soutenait le gouvernement du pape et trahissait la République à Paris. Je demande qu'on le condamne!

Cris : — Oui! oui! — Vive Rochefort! — (*Bravos!*)

M. J. Favre remonte à la tribune.

Le tumulte éclate de nouveau. — On crie : Vive Rochefort — On ne veut pas l'entendre.

Messieurs, dit **M. J. Favre**, l'orateur qui vient de parler n'était pas encore né, et ce qu'il dit est de pure invention.

Plusieurs voix. Et l'histoire! — On crie, on l'empêche de parler.

M. Jules Favre. Si c'est une condamnation que vous me demandez, prononcez-la!

Oui! oui! (*Bravos!*)

M. Jules Favre. — Si c'est ma justification, vous n'y parviendrez pas! Il déclare qu'on peut dire tout ce qu'on voudra, qu'il n'ajoutera pas un mot.

On lui répond par les cris de : Vive Rochefort!

M. Aubert attaque de nouveau M. Jules Favre. C'est lui, dit-il, qui a inventé les trois sommations après lesquelles on fait feu sur le peuple. Il a fait fermer les clubs et déporter les hommes. L'orateur débite contre M. J. Favre une longue série d'accusations qui sont applaudies à outrance.

M. Mollet monte à la tribune et se prononce en faveur de Rochefort, qui, suivant lui, est le seul homme qui représente bien le socialisme.

La séance est levée à dix heures quarante minutes, aux cris de : Vive Rochefort! Vive Cantagrel! Pas de Jules Favre (1)!

(1) Trois jours auparavant, M. Marie avait subi à Marseillle une pareille mésaventure. C'est à M. Marie lui-même que nous en empruntons le récit :

« Monsieur le rédacteur en chef du *Sémaphore*,

» J'avais organisé pour ce soir mardi une réunion privée à l'Eldorado. Je voulais y poser hautement ma candidature démocratique et prouver qu'en parlant ainsi j'avais à l'appui de ma parole des actes contre lesquels personne ne pouvait protester. Mais l'union ou plutôt la division démocratique était sous les armes, et probablement n'ayant rien à répondre à mes preuves, le signal du tapage a été donné, contre lequel toute parole est

15 *mai*. — *Rue Croix-Nivert*.

M. Barthélemy dit que M. Rochefort, s'il est élu, ne pourra pas remplir son mandat de député. Il cite l'exemple de M. Raspail, qui, élu en 1848, alors qu'il était au donjon de Vincennes, ne put siéger.

M. Delattre dit que M. Rochefort sera à son banc le jour où il sera élu. Si on l'arrête, eh bien ! sa prison sera son piédestal et la *Lanterne* éclairera sa cellule. L'orateur ne repousse pas la candidature de M. Cantagrel ; mais il trouve que celle de son ami est bien plus accentuée. Quant à M. Jules Favre, ajoute-t-il, ce n'est pas un socialiste.

---

15 *mai*. — *Rue de la Sorbonne, n°* 16.

M. Delattre appuie la candidature de M. Rochefort, assurant qu'i viendra à Paris, s'il est élu. Rochefort représente l'honnêteté et la liberté; certaines gens tremblent au seul bruit de son nom.

Voix. Napoléon !

M. Humbert reproche à M. Jules Favre d'être un aristocrate, et lui en veut de certains votes.

devenue impuissante. J'ai lutté, réclamé le silence au nom de la liberté, mais le parti était pris : Je n'aime le despotisme nulle part, ai-je dit, je ne veux ni tyrannie, ni démagogie ; écoutez-moi, ou je serai forcé de lever la séance, emportant avec moi cette idée pleine de désolation et d'amertume que les citoyens qui m'interrompent et réclament si haut les libertés n'en sont pas dignes. Une formidab'e acclamation a applaudi à ces paroles, mais les groupes interrupteurs ont crié, sifflé plus fort ; je me suis retiré alors, entouré d'une foule nombreuse et sympathique.

» Triste spectacle, n'est-ce pas ? oui, bien triste, en effet ; dire que l'on ne rencontre que violence là où la souveraineté populaire devrait rester calme dans sa force !

» Permettez-moi de vous demander, dès ce soir, la publication de ce mot, je vous donnerai d'ailleurs les détails que me fournira la sténographie.

» Bien à vous, MARIE. »

Mardi soir, 11 mai 1869.

MM. Vacheron et Boulon déplorent qu'à la réunion des Cordelières on ait traîné Jules Favre dans la boue.
Un vif colloque a lieu entre les trois orateurs, dont les réparties se succèdent.

M. Humbert motive un avertissement en parlant de Louis Napoléon Bonaparte, au sujet de la mise en accusation réclamée contre lui pour avoir forfait à l'honneur et trahi la République.

---

16 *mai.* — *Boulevard de Grenelle*, 140.

M. Gallet élimine M. Jules Favre, qui n'est pas assez radical.
Il est indécis en ce qui concerne M. Cantagrel, qu'il ne connaît pas. Il reste Rochefort. (*Cris de : Vive Rochefort !!*) C'est M. Rochefort qui est son candidat.

M. Labre passe en revue les diverses candidatures. Il raye M. Jules Favre, qui est indigne de représenter les démocrates de la 7e circonscription. (*Applaudissements.*)
Divers orateurs appuient la candidature de M. Rochefort.

M. Guérin n'est pas de leur avis. Il dit que l'on fait de la réclame pour ce candidat, qui n'est connu que pour ses outrages envers les personnes et la famille impériale. (*Bruit.*) On crie : Assez ! assez !

M. Fitte ne veut pas répondre au préopinant, qui lui paraît un agent provocateur.

MM. Paff et Jupille disent que M. Cantagrel a exploité pendant plusieurs années tout Paris, avec M. Haussmann.

M. Jupille affirme que M. Cantagrel a une attache avec M. le préfet de la Seine, qu'il veut exploiter les ouvriers.
Il votera pour M. Rochefort, qui a supprimé son titre de comte.
Un orateur dit que, si M. Cantagrel n'était pas absent de Paris, il saurait bien se défendre de toutes ces imputations.

---

16 *mai*. — *Rue Campagne-Première*.

M. Deberle, président, critique les restrictions de la loi sur les réunions, l'attitude des commissaires de police dans ces assemblées, parle des agents provocateurs de la rue de Jérusalem et des placards infâmes qu'un fonctionnaire fait afficher sur les murs de Paris. (*Avertissement du commissaire de police*.)

M. Gallet dit que, bien que J. Favre soit un candidat semi-officiel, il faudra reporter ses voix sur lui, au second tour de scrutin, si les candidats socialistes n'ont pas la majorité au premier tour.

M. Boissier reproche à M. Rochefort d'avoir fait de la *Lanterne* une spéculation, et lui reproche aussi sa naissance dans un monde qui n'est pas celui de ses électeurs.

M. Pélissier, qui paraît pris de vin, jure et sacre à la tribune, et votera pour Rochefort, « parce qu'il est las de ces vieilles blagues et de ces vieilles turpitudes. »

---

16 *mai*. — *Rue Monge*, 8.

M. Victor Casse lit l'avis de M. le préfet de police et engage les électeurs au calme, pour ne pas, dit-il, faire les affaires du gouvernement, intéressé à faire croire en province que la démocratie n'aime que l'émeute et la bataille. Il dit avoir entendu des militaires crier : « Vive l'Empereur, » afin de provoquer le cri de...

A ce moment, un assistant complète la pensée de l'orateur et s'écrie : « Vive la République ! »

Le commissaire de police allait donner un avertissement; mais l'assemblée se saisit de l'interrupteur, qui est conduit à la porte aux cris de : « Fouillez-le ! A la porte ! »

M. Geffroy attaque violemment la candidature de M. J. Favre et motive un avertissement, en disant : « Que l'expédition de Rome n'a été que le prélude de l'expédition à l'intérieur contre nos libertés et qui se termina par le 2 décembre. Il proteste contre l'avertissement et s'étonne que certains personnages soient blessés lorsqu'on rappelle certaines dates désagréables.

« On n'avait qu'à ne pas les mettre dans le calendrier. »

---

17 *mai.* — *Rue des Fourneaux.*

M. Torsant se demande si M. Rochefort est bien capable de discuter des questions au Corps législatif. (*Murmures. Agitation.*)

M. Houdan dit que M. Jules Favre est un saltimbanque qui tient une ficelle au bout de laquelle est un pantin que l'on ne connaît pas. « C'est, ajoute-t-il, un sphinx que nous ne connaissons pas. » Il recommande de porter les voix sur MM. Rochefort et Cantagrel. Il excuse M. Rochefort d'avoir été parrain du petit-fils de Victor Hugo, lui qui est pourtant libre-penseur. Il veut la séparation de l'Eglise et de l'Etat.

M. Fribourg attaque violemment M. Jules Favre et le *Siècle* qui le patronne. Il accuse M. Jules Favre d'être l'auteur de la loi sur les attroupements. C'est, selon lui, un faux démocrate, qui cherche à étouffer de sa popularité les généraux qui combattent.

M. Delattre déclare que si la majorité accorde l'arrestation de Rochefort, celui-ci donnera sa démission.

M. Richard espère que l'arrestation d'un député produirait plus d'effet que tous les discours possibles.

M. Fribourg invite à voter pour M. Rochefort, rien que pour se donner le plaisir de voir la majorité emprisonner un des membres du Corps législatif.

M. Pierron dit que le gouvernement n'osera pas arrêter Rochefort à la frontière.

M. Fribourg déclare qu'il faut avant tout faire échec à l'Empereur, repousser J. Favre et voter soit pour Cantagrel, soit pour Rochefort.

M. Gallet annonce la candidature officielle de M. Savart. (*Cris : Oh ! oh !*)

Voix. Le mangeur de sueurs !

17 *mai.* — *Rue du Faubourg-Saint-Jacques.*

M. Delattre parle de l'intrépidité avec laquelle M. Rochefort a dévoilé les grands coquins, de l'énergie avec laquelle il entend réclamer la diminution des gros traitements, en commençant par le plus gros. Il dit qu'il a gagné de l'argent, mais par son travail, qu'il est socialiste et ne veut ni casernes ni couvents, qu'il n'est pas décoré et refuse de l'être. L'orateur fait l'éloge pompeux de M. Rochefort, de son talent, de ses aspirations ultra-libérales; il termine par ces mots : « Allez voter ! l'urne est la barricade du droit ! »

---

17 *mai.* — *Rue Croix-Nivert.*

M. Labre examine les candidatures qui se sont produites dans la 7e circonscription. Selon lui, la plupart des candidatures ouvrières offrent peu de garanties : Jules Favre est un candidat officiel, et l'autorité fait distribuer des bulletins à son nom aux portes des mairies (*Dénégations.*) ; Ollivier est le rebut des autres circonscriptions ! (*Bravos et huées.*) ; Cantagrel sera élu dans le Loir-et-Cher; il faut donc voter pour M. Rochefort, qui a sacrifié sa position à la préfecture de la Seine pour démasquer les irrégularités d'administration de M. Haussmann, « car Haussmann a volé, » dit-il. M. Rochefort, enfin, est socialiste.

M. Chalin attaque de nouveau M. J. Favre, qui s'est associé aux proscriptions de juin, et serait le premier ministre des d'Orléans.

---

17 *mai.* — *Rue Monge.*

M. Raimbaut, ouvrier typographe, dit qu'il a fait un manifeste dans « la *Voix du Peuple*; » que comme il n'a pas les moyens de faire afficher sa profession de foi, il l'a envoyée à l'*Opinion nationale*, au *Siècle* et à l'*Avenir*. Ces journaux ont répondu qu'ils ne veulent pas de candidatures ouvrières, mais qu'ils soutiendront l'opposition parlementaire. Il se désiste et déclare que J. Favre n'est pas l'homme de la situation.

M. Cosse pense, comme M. Laferrière, que M. Rochefort, étant élu, peut rentrer en France sans être arrêté. Il faudra forcer les députés à s'expliquer à ce sujet : « Quant au serment, Rochefort l'a prêté comme l'aurait fait tout individu ayant le couteau sous la gorge, sauf à le reprendre. On lui a dit : Prêterez-vous le serment à l'Empereur. Il a répondu : Oui. Le tiendrez-vous ? — Il a répondu : Comme lui.

---

17 *mai*. — *Avenue d'Italie*, 27.

M. Leverdey prêche l'abstention aux démocrates et aux socialistes convaincus ; « parce que, dit-il, dans le gouvernement actuel, le mandat de représentant est illusoire, puisque l'initiative des lois vient du pouvoir personnel. D'ailleurs, ajoute-t-il, les députés sont obligés de prêter serment ; s'ils le tiennent ils ne sont plus indépendants ; s'ils le prêtent avec l'intention de le violer, ce sont des hommes sans bonne foi. »

M. Marchand partage l'opinion de M. Leverdey, et conclut qu'il faut attendre, pour nommer de vrais représentants, le règne de la liberté complète et le temps où le peuple sera seul maître et aura l'entière initiative des lois.

HUITIEME CIRCONSCRIPTION

Candidats : MM. Jules Simon, député sortant. — Lachaud, avocat. — Jules Vallès, rédacteur du *Réfractaire.*

6 *mai.* — *Boulevard de Charonne.*

M. Lacatte. Aujourd'hui, on a le droit de parler politique, mais, soyez tranquilles, je ne toucherai ni à la religion, ni à la Constitution, ni à la famille, ni à la propriété, car pour moi tout cela n'est rien, je suis révolutionnaire socialiste (1).

Eh bien, messieurs, pardon, citoyens, parlons de nos affaires politiques, dit l'orateur ; je vais examiner la vie publique et politique de M. Jules Simon, dont on connaît les antécédents et sur le compte duquel on ne peut se tromper, et de Me Lachaud, qui se dit candidat indépendant et qui est chevalier de la Légion d'honneur... (*Rires.*)

M. le commissaire de police. Ne touchez pas à cela.

L'orateur. Pourquoi tant d'autres avocats qui ont du talent ne le sont-ils pas? C'est que, quoique indépendant, M Lachaud est agréable, il maintiendra le régime actuel ; en le nommant, vous n'aurez rien. Vous n'aurez pas davantage avec Jules Simon, ancien conseiller d'Etat sous Louis-Philippe, et dont la philosophie se réduit à prier les riches de faire un meilleur usage de leur fortune. S'il avait été bon, il aurait

(1) Ce M. Lacatte est le même qui, dans une réunion publique tenue le 16 mars à la salle de la Jeune-Gaule, s'exprimait en ces termes : « La position est mauvaise ; il n'y a qu'un moyen d'en » sortir, il faut f... l'empire par terre. »

dit que gagner quoi que ce soit, c'est causer préjudice à d'autres ; et puis il est officier de la Légion d'honneur, quoiqu'il mette sa croix dans sa poche dans certaines occasions.

M. Bacot. Il ne faut pas qu'il y ait des doutes sur la valeur des deux candidats, et il faudra demander à M. Lachaud s'il demandera la suppression de l'octroi sur les denrées alimentaires. Il répondra oui, mais il demandera aussi comment on remplacera ce que ce droit fait perdre. Moi je vais vous le dire, c'est en supprimant les armées permanentes. Moi, je suis pour la suppression avec le candidat de l'opposition, parce qu'il veut que le peuple exerce ses droits dans leur plénitude.

Je crois que Me Lachaud agit avec l'Etat. Ces candidats ne peuvent demander des réformes que le candidat de l'opposition demandera avec conviction.

Je demande aussi que le conseil municipal soit nommé par le suffrage, ce que ne veut pas M. Lachaud, qui nous demande si nous ne serons pas contents quand le Corps législatif aura le contrôle des dépenses de la Ville.

Unissons-nous, car l'union fait la force, donnez la liberté au peuple, et il ne vous demandera rien de plus. (*Applaudissements.*)

M. Lacatte réplique à M. Bacot dont il veut rectifier les idées sur M. Lachaud. Il demande si M. J. Simon accepte le titre de socialiste.

Voix. Puisque les deux candidats de la circonscription ne vous vont pas, désignez-en d'autres !

L'orateur ne répond pas, il répète que le peuple a été trompé en 1830, qu'on s'est servi de lui à Lyon en 1834, comme d'un instrument, et il ajoute : « Si tout le monde en 1848 avait suivi son chemin, nous n'aurions pas aujourd'hui le régime que nous avons. Il est vrai que les bourgeois craignent le socialisme, et que, plutôt que de se ranger sous son drapeau, ils accepteraient n'importe quel pouvoir. » (Applaudissements.)

M. Bacot défend M. Jules Simon, qu'il sait avoir demandé des réformes sociales et dont il appuie la candidature. En ce moment, dit-il, on est sous une loi qui empêche l'association; quand cette loi sera abolie, on aura touché la corde sensible. Je compte sur les électeurs de la circonscription pour nommer M. Jules Simon, qui l'a bien mérité en restant six ans sur la brèche.

Voix. Oui ! oui ! (Vifs applaudissements.)

M. Bacot dit qu'en appuyant Jules Simon il croit défendre la bonne cause, car on le connaît, il ne voudrait tromper personne.

M. Lacatte. M. Jules Simon est-il socialiste ?

M. Bacot. Voyez sa profession de foi.

M. Lacatte répond qu'il n'a rien à voir et que tous les assistants sont des socialistes.

M. Audoineau est très-favorable à M. Jules Simon qu'il a vu à la salle de la Jeune-Gaule où il s'est déclaré démocrate tout en expliquant le socialisme.

M. Lacatte. Alors expliquez-le aussi ?

M. Audoineau. Je n'en suis pas capable.

M. Lacatte. Ah ! ah ! Très-bien !
L'orateur énumère les avantages qu'a M. Jules Simon sur les autres candidats. « On le connaît, dit-il en terminant, ses idées se sont élargies dans le sens politique. Enfin, il est socialiste. »

M. Lacatte. J'ai du mal à le croire.

L'orateur. Il doit être notre candidat (*Approbation*) et, je le répète, c'est lui qu'il nous faut.

Voix. Nous l'avons demandé. (*Applaudissements.*)

M. Bacot n'a rien à ajouter à ce que vient de dire l'orateur ; il annonce pour le lendemain une réunion électorale et préparatoire qui aura lieu passage Eugénie, et à laquelle assistera M. Jules Simon. Il engage les citoyens à se préparer d'avance.

M. Lacatte. Nous avons fini par où nous aurions dû commencer. Si M. Jules Simon se produit, on lui demandera s'il est socialiste, et s'il l'avoue, s'il se déclare franchement, nous voterons pour lui ; mais s'il hésite, prenez garde à ce que vous ferez et ne votez pas pour lui. (*Le Peuple.*)

---

7 mai. — Passage du Génie.

MM. Bacot et **Audoineau** préconisent la candidature de M. Jules Simon.

M. Tartaret attaque celle de Me Lachaud. « Il n'a défendu que la veuve et les faussaires, dit-il, s'il allait faire un faux, lui aussi ! Votons pour J. Simon. »

M. Audoineau demande que l'on proclame la candidature socialiste de M. J. Simon. « Cela a été décidé dans une réunion privée où j'assistais. »

Voix. A la Jeune-Gaule !

M. Audoineau. M. Jules Simon est socialiste ; je prends la responsabilité de cette affirmation.

---

8 *mai.* — *Rue des Haies.*

M. Audoineau demande à M. Jules Simon s'il accepte la candidature démocratique socialiste.

M. J. Simon prétend qu'on a dénaturé ses paroles dans les journaux. Le communisme niant la propriété, j'ai déclaré ne pas être communiste. Quand on m'a demandé si j'étais socialiste, j'ai déclaré que je craignais les équivoques. En 1851, on a adressé l'épithète de socialiste à M. Thiers. Socialisme est un mot équivoque, je ne puis l'accepter ; mais je serai toujours partisan des réformes possibles et nécessaires pour régénérer et vivifier la société. Car il y a de grandes misères, et il est besoin de grandes réformes. Nous arriverons à ces réformes par la liberté, l'association, l'instruction... La liberté est le premier des biens, parce que le despotisme ne peut produire de bons fruits. Le droit d'association ne sera pas plus dangereux que ne l'a été l'abolition des articles 414, 415 et 416 du Code pénal. Je ne suis ni communiste, ni socialiste.

Un assistant demande la suppression de l'instruction religieuse ; on ne le laisse pas parler.

La candidature de M. Jules Simon est mise aux voix et adoptée à l'unanimité.

---

8 *mai.* — *Rue Erard.*

M. Vallès développe son programme. « Il ne croit, dit-il, ni à Dieu, ni à la patrie. Cette incrédulité remonte à son enfance. Sa mère lui avait prédit qu'il mourrait sur l'échafaud à vingt-cinq ans; il en a trente-cinq aujourd'hui, et est plein de force pour combattre les ennemis du peuple. Son cœur déborde de haine contre eux; car, lui aussi a beaucoup souffert et a souvent manqué de pain. »

Interpellé sur le programme de l'union révolutionnaire, il l'accepte et ne le trouve pas assez radical. S'il entre au Corps législatif, il réclamera dès le premier jour en faveur du peuple; il subira, s'il le faut, le sort de Manuel et défendra, au péril de sa vie et de sa liberté le droit du travail et de la misère. (*Applaudissements chaleureux.*)

---

9 *mai.* — *A Pantin.*

M. Frère, marchand de fourrages, demande à M. Jules Simon, s'il est vrai que dans une réunion privée, il se soit dit socialiste, et pourquoi il ne porte pas les insignes de la Légion d'honneur. « Je lui demande aussi de dire quel est le gouvernement qui a fait plus que l'Empire du bien aux ouvriers. »

M. Jules Simon s'indigne de se voir suivi par une meute de réunion en réunion; de s'entendre poser des questions qui touchent à sa vie privée; il voit là un parti pris de le tracasser, de le fatiguer, car il a déjà répondu plusieurs fois à ces trois questions, avec loyauté et honnêteté. C'est de la méchanceté, dit-il, ce n'est pas de la discussion.

M. Frère demande de nouveau la parole, mais sa voix est couverte par des cris, et le président rétablit l'ordre à grand'-peine.

M. Jules Simon dit qu'étant décoré depuis trente ans, il lui arrive bien souvent de l'oublier, et que s'il n'a pas toujours le ruban à la boutonnière, c'est que son valet de chambre ne lui a pas donné l'habit sur lequel il se trouve.

« Un samedi, à quatre heures, j'ai reçu, dit M. Jules Simon, une lettre d'un citoyen Budaille, invitant le citoyen Jules Simon à la réunion de la Jeune-Gaule; bien que persuadé qu'on me tendait un piége, je m'y suis rendu néanmoins, et là, après avoir été injurié, j'ai fini par me faire écouter, puis par me faire applaudir, pour avoir eu le courage de dire aux 1,500 socialistes réunis : « Non, non, je ne suis pas commu-» niste, je ne le serai jamais; je suis partisan de la famille, » de la religion, de la propriété héréditaire ou transmissible. »

Trois jours après, un journaliste a écrit que M. Jules Simon s'était dit publiquement démocrate socialiste. Par la gorge, il en a menti! C'est un infâme calomniateur! et quand on essaye de dénaturer mes paroles, j'ai bien le droit de traiter ces misérables comme ils le méritent (1). »

M. Jules Simon trouve le mot de socialisme trop vague pour qu'il en puisse donner une définition. Il a demandé et obtenu l'abrogation des art. 415, 416 du Code pénal, et 1781 du Code civil; mais on ne peut pas dire pour cela qu'il est socialiste. Il compte sur le bon sens de l'opinion publique pour faire justice de ses calomniateurs. (*Applaudissements.*)

Le président lève la séance; on menace M. Frère à la sortie.

---

11 *mai. — Passage du Génie.*

M. Méneestrier demande à M. Jules Simon: 1° S'il votera pour une caisse de retraite en faveur des travailleurs; 2° s'il rendra compte chaque année, après la session, à ses électeurs, de la façon dont il aura rempli son mandat; 3° pourquoi il n'a pas donné sa démission quand nos armées sont allées à Rome; 4° si les d'Orléans cherchaient à revenir au pouvoir leur prêterait-il son concours? que ferait-il?

M. Grandveau attaque Jules Vallès qui a dit qu'il fallait supprimer l'idée de Dieu dans l'esprit des hommes.

M. Jules Vallès déclare qu'il maintient sa proposition, parce que Dieu est l'idée-mère de toutes les tyrannies. Il attaque M. Jules Simon. « Si M. Jules Simon a fait ses preuves, je ferai les miennes. Ne suis-je pas un vaincu de 51? J'ai une colère qui, je l'espère, se fera jour. Pourquoi toujours ces erreurs dans les affaires de la nation? Parce que le peuple n'y

(1) Voici les paroles prononcées par M. Simon chez M. Budaille, dans la réunion du samedi 6 mars, telles que les rapporte un compte rendu signé par M. Clément Duvernois, aujourd'hui collègue de M. Jules Simon au Corps législatif, et qui n'a pas été contredit :

« Vous me demandez si je suis communiste? Non, mille fois non. Si JE SUIS SOCIALISTE? DISTINGUONS.

» Si, la liberté étant acquise, tout arbitraire étant détruit, toute tyrannie et tout tyran ayant disparu, il s'agit de vouer son intelligence et sa volonté à la réforme de ce qui est mal, A LA RÉORGANISATION DE LA PROPRIÉTÉ, A L'ORGANISATION DU TRAVAIL, OUI, JE SUIS CANDIDAT DÉMOCRATE SOCIALISTE. »

est jamais, et que l'on ne l'emploie que comme pièce à mitraille. Je suis de la démocratie radicale, et dans la 8e circonscription composée d'ouvriers, ma candidature représentera mieux les idées des ouvriers que la candidature bourgeoise de M. Jules Simon. »

Il veut la liberté de la presse sans réserve et sans limites. Il ne veut pas de l'instruction gratuite et obligatoire qu'il considère comme une blessure faite à la liberté et comme une aumône faite au peuple. Il reproche à M. Jules Simon d'avoir voté la loi contre les attroupements et de n'avoir pas défendu la loi sur les réunions. Il le blâme de n'avoir protesté que tardivement contre l'acte du 2 décembre, tandis que lui, il l'a combattu de toutes ses forces. (*Il est chaleureusement applaudi.*)

M. Jules Simon est fatigué et on aura peut-être de la peine à l'entendre. Il ne refera pas sa profession de foi. Dans ses écrits, dans ses discours, dans ses actes, il a toujours agi comme un honnête homme. Son programme est le même qu'en 1863 avec quelques différences qui tiennent au développement des idées.

« On m'accuse d'être orléaniste. Un homme qui vote le droit de réunion, qui veut la réforme de l'armée, la séparation de l'Eglise et de l'Etat, est un triste orléaniste, car je crois qu'il n'en suit pas les principes. On me dit membre de l'Université; je l'ai été, mais je ne le suis plus depuis dix-huit ans; je veux la libertéabsolue de l'enseignement, de la pensée, de la plume et de la parole. J'ai été une fois à une réunion du Trône, chez Budaille ; on m'a applaudi unanimement. Le lendemain, j'ai vu dans les journaux que l'on disait que j'étais un socialiste équivoque, que mon refrain, c'était le partáge, et on m'a appelé Simon le Partageux. Mon refrain est : propriété, famille. Je suis radical dans la liberté. Voilà trente ans que je pense à soulager le peuple, que je vais dans les ateliers pour tâcher de savoir où sont les plaies. Je ne dis pas que les positions de fortune soient parfaites et qu'il n'y ait rien à y changer ; il faut que nous fassions nous-mêmes par nos libertés politiques toutes les réformes.

» On me dit l'homme de la bourgeoisie. Oui, je le suis, et celui de l'ouvrier aussi; ou plutôt l'homme qui trouve que la bourgeoisie et l'ouvrier sont le peuple, et je suis l'homme du peuple. » (*Bravo ! bravo !*)

M. Passedouet déclare qu'il votera pour M. Jules Vallès, qui offre plus de garanties pour la démocratie que Jules Simon.

M. Jules Vallès trouve que Jules Simon a laissé la question de l'instruction dans l'obscurité, et lui demande de vouloir bien s'expliquer sur cette phrase, qu'il a écrite dans un de ses livres : « Qu'il y aurait toujours des misères pour le peuple. »

M. Jules Simon répond qu'on ne peut discuter sur une phrase prise au hasard ; que la chose essentielle est de faire en sorte qu'on n'ait pas à souffrir des institutions, parce qu'alors il n'y aura d'autres malheureux que ceux qui le seront par leur faute.

---

12 *mai.* — *Rue de Lyon*, 18.

M. Vallès lit sa profession de foi. « Tant qu'il y aura un prêtre, un gabelou, un rat-de-cave, un sergent de ville cru sur serment, un fonctionnaire irresponsable, un magistrat inamovible ; tant qu'il y aura cela à nourrir et à payer, peuple, tu seras misérable. » (*Bravos.*)

« Il y a danger, continue l'orateur, à garder des soldats que le travailleur est forcé de payer. Un bourreau ! Il en existera tant que la magistrature sera payée.

» Tant qu'il y aura un prêtre, peuple, tu seras misérable. Voilà pourquoi, conclut l'orateur, j'étais hier en désaccord avec M. Jules Simon... (*Bruit, tapage.*)

Voix. Assez ! assez ! Parlez ! parlez !

« Parce qu'il avait défendu cette cause de la prêtraille. » (*Bruit.*)

Voix. Ce n'est pas vrai ! Des preuves !

Au milieu d'un grand tumulte produit par les interpellations que les partisans de M. Jules Simon adressent à M. Jules Vallès, on distingue ces mots : *A bas l'orateur* !

M. Vallès. Je me sépare de M. Jules Simon, parce que je suis ennemi des prêtres, des religions. Tant qu'il y aura des sergents de ville crus sur serment, nous serons malheureux, et je le répète ; je brûlerais la cervelle à quiconque m'arrêterait et vous en feriez autant !... (*Bravos.*)

Le commissaire de police donne un avertissement.

M. Vallès. Tant qu'il y aura un fonctionnaire irresponsable, peuple tu seras victime ! Tant qu'il y aura un magistrat inamovible, on te déshonorera! (Voix : *Oh! oh!*) Deuxième avertissement du commissaire de police.

M. Vallès. Un soldat, un prêtre, un gabelou, un sergent de ville, etc., etc., tant qu'il y aura cela à nourrir et à payer, peuple tu seras misérable! (*Bravos.*)

Voix. Ce n'est pas une profession de foi.

Autres voix. Très-bien! très-bien.

M. Vallès. C'en est une bonne, c'est l'expression de mes sentiments. Il raconte sa vie. Depuis 1851 il a été deux fois à Mazas, ce qui, selon lui, devrait lui attirer des applaudissements. En quittant la tribune, M. Vallès dit que « si la bourgeoisie continue à se baser sur les dires de ses représentants, et que si elle ne tend pas la main au peuple, *il pourra couler* entre eux *des flots de sang.* »

M. Magot se déclare candidat socialiste et se porte parce qu'il est un des condamnés de juin 1848. Je dis qu'il a été commis un crime qui n'a pas encore été châtié, qui attend encore son châtiment!

Il veut lire sa profession de foi, mais le bruit couvre sa voix.

Une querelle s'engage à gauche de la tribune; des membres de l'assemblée se prennent au collet et se portent des coups de poings; le tumulte devient indescriptible. Le commissaire de police dissout la réunion.

---

12 *mai.* — *Rue Fazillan,* 29 (*Levallois-Perret*).

M. Jules Simon déclare se présenter de nouveau comme candidat libéral, et être toujours digne de défendre les intérêts et les droits des électeurs.

A une interpellation d'un auditeur, qui lui demandait s'il voulait être ministre de l'instruction publique, M. Jules Simon a répondu : « Je n'accepterais pas ce poste, car je veux être libre de ma parole et conserver mon indépendance. »

A une deuxième interpellation sur la zone des villes fortifiées, le candidat a répondu que l'on n'avait pas le droit de paralyser les autres constructions et que, s'il était réélu, il porterait la question à la Chambre, en ce qui concerne les fortifications de Paris. » Si vous continuez à m'accorder votre confiance, dit M. Jules Simon en terminant, je soutiendrai en tout et pour tout : *la liberté, la famille, la propriété, la religion*, mais avec la séparation de l'Eglise de l'Etat ; l'Eglise est assez riche pour se suffire à elle-même. »

---

13 *mai. — A Noisy-le-Sec.*

M. Bourse interpelle M. Jules Simon sur les idées qu'il a exprimées chez l'instituteur Budaille, sur le soin avec lequel il évite de porter le ruban de la Légion d'honneur dans les réunions populaires. Il lui demande s'il est orléaniste, républicain, communiste, socialiste, bonapartiste ou légitimiste, et si la révolution est son but ou son moyen. « Pour nous, a-t-il ajouté, nous voulons le maintien du gouvernement de l'Empereur. »

M. Jules Simon, en ce qui touche la croix, dit qu'il porte le ruban ou qu'il ne le porte pas suivant que son domestique lui passe un vêtement où le ruban a été attaché, ou un autre qui en est dépourvu.

« Vous me demandez à quel parti j'appartiens ! C'est un piége que vous me tendez. Vous espérez une réponse qui me fasse perdre mes droits politiques, ce qui vous arrangerait, dit-il ; vous voulez savoir si je suis révolutionnaire ? Cette question ne vient pas de vous. Y a-t-il un de mes actes qui prouve que que j'aie travaillé au renversement de l'Empire ? Suis-je un révolutionnaire, parce que je trouve qu'on dilapide nos finances ?

« Quant au socialisme, voici un mot que je ne peux pas définir. A la réunion Budaille, j'ai déjoué le piége que des misérables m'avaient tendu ; j'ai déclaré que je n'étais pas communiste ; mes écrits et mes discours prouvent que je veux la propriété, la liberté civile et la liberté du travail.

» Mon opposition n'est pas systématique ; j'ai voté la loi sur l'instruction publique, et le récit que j'ai fait de la condition des jeunes détenus de la Roquette *a arraché des larmes à une personne qui s'est empressée de visiter cette prison.* »

M. Bourse interpelle M. J. Simon sur le collègue qu'il choisira en cas d'élections multiples. M. J. Simon répond que sur ce point il prendra la décision que lui dicteront la volonté et les intérêts de ses électeurs.

16 *mai.* — *Rue d'Aguesseau*, 43.

M. Jules Simon monte à la tribune. (*Applaudissements.*) — J'ai résisté aux dépenses, j'ai réclamé la diminution des impôts et constamment travaillé à la cause sacrée de l'enseignement populaire. (*Oui ! bravos !*) On m'a traité de socialiste et de communiste, *moi qui suis partisan de la propriété !*

L'orateur réclame l'élection des conseillers municipaux (*bravos*) ; il s'élève contre la défense de bâtir dans la zone des fortifications; il croit que la suppression des armées permanentes empêcherait la guerre; il critique les démolitions (*bravos*) ; il demande la suppression des octrois (*bravos*), et, en attendant, la diminution de la moitié des droits pour Paris, *M. le préfet de la Seine m'a dit, à ce sujet : « Je suis avec vous.»* (*Bravos.*)

NEUVIÈME CIRCONSCRIPTION

Candidats : MM. Eugène Pelletan, député sortant. — Bouley, professeur de l'école d'Alfort. — Lacatte, Bionne, avocat.

1er *mai.* — *Avenue d'Italie*, 27.

Après les opérations préliminaires de l'admission des électeurs de la 9e circonscription, on procède à la constitution du bureau, et quelques voix proposent pour président **M. Cantagrel**, qui monte aussitôt à la tribune.

Citoyens, dit-il, je n'ai pas besoin de vous dire combien je suis sensible à l'honneur que vous voulez me faire, mais il m'est impossible de l'accepter pour ce soir, car je ne suis pas de votre circonscription et je n'ai pu entrer parmi vous que parce que j'ai prêté hier mon serment d'obéissance à la Constitution et de fidélité à l'Empereur. (*Bruit et murmures.*)

Citoyens, à vous, on ne vous prête pas de serment, parce que c'est inutile, et les promesses qui vous sont faites, on sait vous les tenir toujours et vous n'avez pas besoin de serment. (*Applaudissements.*)

8 *mai.* — *Avenue d'Italie.*

M. Jacquier déclare qu'il a prêté serment, mais des lèvres seulement, pour pouvoir entrer dans les réunions et y propager ses doctrines révolutionnaires. Il lit et exalte le programme du citoyen Laurier, se déclare candidat républicain socialiste et espère que la France ne souffrira pas longtemps le régime actuel.

Il lit son propre programme, qui réclame la suppression des pouvoirs existants, le gouvernement du peuple par le peuple, la réorganisation de la propriété, etc. — Il est rappelé plusieurs fois à l'ordre par le président, et averti par le commissaire.

---

10 *mai.* — *Avenue d'Italie.*

M. Passedouet annonce la formation d'un comité démocratique socialiste dans la circonscription, et donne lecture du programme qui doit être imposé aux candidats. Ce programme est adopté à l'unanimité.

M. Pelletan est salué à son entrée dans la salle par de chaleureuses acclamations.

M. Guimard s'étonne du peu d'empressement qu'a mis M. Pelletan à venir personnellement annoncer sa candidature à ses électeurs. « Si, dit-il, M. Pelletan est occupé ailleurs, qu'il se retire, nous en choisirons un autre. » (*Réclamations. — Cris : Assez! à la porte! — Tumulte.*)

M. Guimard affirme que M. Pelletan n'est ni démocrate ni socialiste comme il prétend l'être. (*De nombreuses interruptions lui coupent la parole.*)

M. Pelletan affirme « qu'il est démocrate et socialiste. » Il demande qu'on laisse la parole à l'orateur.

M. Guimard reprend que M. Pelletan a eu le temps d'aller ailleurs et n'a pas pris celui de venir avenue d'Italie. Il lui demande de rendre compte du mandat qui lui a été confié, mandat qu'il n'a pas su défendre et qu'il a violé. « Jamais, dit l'orateur, il ne soutiendra la cause démocratique et sociale; juin 1848 en est une preuve. Souvenez-vous que, de complicité avec Garnier-Pagès, il nous a fait fusiller et déporter. Vous voyez donc bien qu'il n'y a aucune confiance à avoir en lui. Si vous le nommez, vous verrez ce qu'il en adviendra. »

Le plus grand tumulte se produit dans la salle, et l'orateur est forcé de quitter la tribune.

M. Paulet, candidat ouvrier, déclare à M. Pelletan que les électeurs ont adopté un programme et que tout candidat qui brigue leurs suffrages doit l'accepter sous peine d'être exclu. « C'est faute d'un programme, dit-il, que les députés de la gauche ont tous violé le mandat qu'ils avaient reçu en 1863, qu'ils ont abandonné notre défense, à nous ouvriers, pour s'occuper exclusivement de leurs intérêts personnels. M. Pelletan se dit démocrate et socialiste, il doit le prouver, et le peuple ne peut pas accepter comme garantie de l'avenir du citoyen Pelletan député, le passé du citoyen Pelletan journaliste, qui en 1848 demandait le maintien du timbre et du cautionnement sur les journaux, et poussait à la fusillade et à la déportation.

M. Pelletan demande en quoi il a manqué au mandat qui lui a été confié ; il dit avoir été gérant du journal *le Bien public*, mais affirme n'y avoir jamais écrit un article réactionnaire. Il se demande si l'on trouvera de vrais démocrates si l'on jette la pierre à des hommes comme Ledru-Rollin et Garnier-Pagès, qui collaboraient avec lui.

Il s'étonne de se voir reprocher de n'avoir point attaqué le 2 décembre et réclamé des lois libérales sur les impôts, la presse, le droit de réunion, quand sur tous ces points il a été rappelé à l'ordre par le président du Corps législatif.

Il a attaqué avec énergie l'administration de la ville de Paris. Si ses efforts n'ont pas été couronnés de succès, c'est au régime actuel qu'il faut s'en prendre ; il rappelle tout ce que les députés de la gauche ont fait pour le peuple. Quant au programme qui lui est proposé, il veut l'étudier avant de se prononcer, et si certains articles le blessent, il ne se gênera pas pour les combattre. (*Bruit dans la salle.*)

Voix nombreuses. On ne modifiera pas le programme... nous l'avons tous adopté.

M. Pelletan demande à se retirer vu son extrême fatigue ; il prie les électeurs de compter sur les députés de la gauche, qui sont de vrais représentants de la démocratie. (*Applaudissements. — Bruit.*)

M. Pelletan quitte en ce moment la salle aux cris de : Vive Pelletan ! vive Pelletan !

M. Tupin dit qu'il ne faut avoir aucune confiance dans les paroles de M. Pelletan, qui est l'un de ces journalistes qui promettent bien des choses sans jamais les exécuter. Lui, simple ouvrier, qui ne sait ni lire ni écrire, ne votera jamais pour Pelletan et demande qu'on choisisse un candidat ouvrier.

Dans le courant de son discours, l'orateur est fréquemment interrompu par les cris : *Assez! A la porte!* Les interruptions finissent par devenir tellement fréquentes qu'il quitte la tribune en disant : Je me retire, mais j'affirme que vous n'aimez que la canaille! (*Bruit et réclamations.*)

M. Delamarre repousse la candidature de M. Pelletan, parce qu'il n'a pas rempli le mandat qui lui avait été confié; l'orateur ne veut plus que l'ouvrier soit soumis aux capitalistes et aux banquiers ; il veut la destruction des monopoles. Il se plaint que, depuis 1793, tout ait été fait au bénéfice de la bourgeoisie, qui a massacré le peuple en juin 1848. Il espère que le tour du peuple viendra. Il ajoute que ce qu'on appelle l'opposition n'a rien demandé et rien obtenu, et que, moins que tous les autres, M. Pelletan a travaillé pour ses mandants.

M. Mileto dit que la gauche n'a réussi qu'à faire envoyer des honnêtes gens à Cayenne, et que si M. Pelletan est, comme il s'en doute, républicain socialiste, c'est qu'il est revenu à de meilleurs sentiments que ceux qu'il professait autrefois.

---

11 *mai.* — *Avenue d'Italie*, 27, *salle de la Fraternité.*

M. Jacquier se plaint de ce que le citoyen Pelletan ne soit pas là pour répondre au programme des électeurs : « Il ne faut pas, dit-il, laisser la liberté à vos mandataires; vous l'avez laissée une fois, cette liberté, *à un homme*, en 1852, vous lui avez donné un mandat par *oui* et par *non*, et vous savez comment il en a usé. » L'orateur propose ensuite de nommer une commission de vingt membres, délégués par les ouvriers, qui seraient chargés d'examiner, chaque mois ou chaque année, la conduite des députés et de leur déclarer s'ils ont bien ou mal rempli leur mandat et s'ils doivent on non donner leur démission.

Il veut qu'on impose au représentant l'obligation de demander au gouvernement la nomination du conseil municipal de Paris par le peuple. Si on refuse, dit l'orateur, le député donnera sa démission, nous le réélirons. Quand le souverain verra que le peuple veut ce droit, il le donnera, *ou il arrivera des histoires que vous comprenez.* (*Rires.*)

Il termine en disant qu'il se nomme Jacquier (Eusice),

ancien transporté de Belle-Ile-en-Mer, ancien blessé de février et condamné de juin 1848 : « *Je suis resté fidèle, et je le serai encore quand il le faudra.* »

M. Lacatte, candidat, lit sa profession de foi. Il développe ensuite ses principes; dit qu'en 1848, on a emprunté de l'argent pour payer les évêques et les maréchaux de France, et déclare qu'une révolution ne sera fructueuse que lorsqu'elle sera *politique* et *sociale*.

M. Emile Brionne pose sa candidature. Il déclare qu'il est l'ennemi du cumul, du système des armées permanentes; il veut l'abolition de la peine de mort, la suppression de l'octroi, l'instruction publique gratuite et obligatoire; il est partisan de toutes les libertés les plus étendues. « Si j'ai l'honneur d'être votre représentant, mon but sera de faire une opposition constante, et quand nous les aurons, ces libertés, *ce jour-là, les royautés et les empires auront cessé d'exister*.

---

11 *mai*. — *A Montreuil*.

M. Pelletan dit qu'entre M. Bouley et lui il n'y a pas de question de personnes, mais seulement une question de principe, celle des candidatures officielles ou patronnées. — S'il a été élu en 1863, c'est parce qu'il a consacré toute sa vie à la revendication de toutes les libertés. Cette année, il n'y a pas, comme en 1863, de candidats officiels à Paris, et ceux qu'on met en face de l'opposition sont forcés de parler le langage de cette opposition. Il considère ce changement comme un grand progrès, que l'on doit à l'opposition de gauche.

Le programme de M. Bouley peut parfaitement être aussi le sien.

Il reconnaît que nous avons une liberté, celle du suffrage universel qui, si nous avons le cœur de vouloir, nous donnera toutes les autres; il ne veut ni insurrection ni prise d'armes; avec le suffrage universel, la France fera ce qu'elle voudra.

S'il est opposé aux moyens violents des insurrections, c'est que les insurrections comme celles de Boulogne et de Strasbourg n'ont pour résultat que de faire le chemin à des ambitieux.

Nous sommes, dit M. Pelletan, dans une des crises les plus

solennelles de l'histoire de France. Il s'agit de savoir si la France tolérera le gouvernement personnel.

M. Plateau. M. Pelletan, ayant déclaré accepter le programme de M. Bouley, doit être conservateur impérial. Je le prie de dire aussi s'il est partisan du régime parlementaire.

M. Pelletan répond qu'en lui posant cette question, on veut savoir s'il est révolutionnaire. *Non, il n'est pas révolutionnaire*; l'arbitre souverain, c'est le suffrage universel. Il accepte l'expression de ce suffrage, à la condition qu'on puisse toujours en appeler du suffrage universel au suffrage universel. Enfin, c'est l'appel au peuple!

En résumé, il est conservateur du suffrage universel, que l'Empire n'a pas donné, mais qu'il a trouvé établi et dont il a su se servir *quand il a fait l'acte du 2 décembre.*

M. Plateau demande à M. Pelletan s'il est républicain.

M. Pelletan répond *qu'il considère cette question comme une injure* : il a prêté un serment ; il ne veut pas le violer; il ne veut pas provoquer d'émeute.

M. Porriquet de Maisonneuve. Cependant M. Pelletan aurait dit, dans une réunion antérieure, qu'il était prêt à faire des barricades.

M. Pelletan nie énergiquement le propos qui lui est attribué et qui a été imprimé dans une brochure. Il réprouve les paroles incendiaires prononcées dans les réunions, mais on ne comprend pas que le gouvernement, à qui ces paroles faisaient peur, les ait fait répandre par des milliers de brochures dans les provinces.

C'est à l'opposition qu'on doit les libertés obtenues. En effet, qui a servi d'intermédiaire entre le gouvernement et ces libertés ? M. Emile Ollivier, un transfuge de l'opposition ! Pendant douze ans, le gouvernement n'avait pas eu d'opposition, et il n'avait pas rendu ces libertés. On ne jouira d'une véritable liberté qu'avec la responsabilité des ministres; il demande cette responsabilité.

M. Bouley déclare qu'il a le même but que M. Pelletan, la liberté; mais il veut y aller par un chemin différent. Celui de M. Pelletan est plus court, mais plus abrupt, plus difficile ; le sien est plus long, mais plus uni et plus sûr. L'empereur a toujours marché avec l'opinion ; M. Bouley pense qu'il continuera et qu'en allant doucement on ira mieux.

A M. Huguemot qui lui demande ce qu'il entend par la liberté, M. Pelletan offre le volume qu'il a écrit sur ce sujet.

Enfin M. Pelletan déclare que, s'il était nommé dans deux circonscriptions, *il obéirait à la décision des comités qui lui ont donné leur concours.*

---

13 mai. — *Rue de Javel*, 95.

M. Passedouet fait remarquer que M. Pelletan s'occupe exclusivement des réformes politiques, et il l'engage à examiner le socialisme s'il veut être en parfaite communion d'idées avec les électeurs.

M. Pelletan répond que sa vie entière a été consacrée à l'amélioration du sort des travailleurs, et qu'en demandant la plupart des réformes énoncées dans son programme, notamment la suppression des armées permanentes, l'instruction gratuite et obligatoire, etc., etc., *il fait du socialisme.* Il taxe d'indigne calomnie l'attaque de M. Passedouet, lequel s'est fait l'écho des feuilles impudiques qui ont calomnié *les meilleurs républicains*, et poursuit : « En revendiquant toutes les réformes que je vous ai citées, je tombe en plein dans le socialisme, et je demanderai au citoyen Passedouet, pardon, je voulais dire monsieur. »

M. Passedouet saute d'un bond à la tribune et déclare qu'il ne comprend pas l'air ironique de l'orateur.

Une voix. Qui se sent morveux se mouche! »

M. Pelletan s'excuse, dit que sa parole a été mal interprétée et reprend : « Toutes nos libertés sont dérisoires; je n'ose pas même parler de la liberté de réunion! lorsque le représentant de l'autorité est là pour surveiller et consigner le moindre mot. Non! citoyens nous ne voulons pas de ces libertés mutilées; nous les voulons entières, radicales, et pour les obtenir il suffit de nous compter; avec le suffrage universel, qui est la vraie liberté, nous aurons toutes les autres. On nous a fermé les yeux et bouché les oreilles, il y a 17 ans, pour arriver où nous en sommes; je ne veux pas de ces mendiants du pouvoir; le peuple seul est souverain et seul doit choisir et nommer ses mandataires.

Plus d'armée! ni de garde mobile ! qu'on a eu le soin de ne

pas armer avant les élections, mais après, oh ! vous le serez. — Attendez. (*Acclamations : Vive Pelletan !*)

Aux interpellations qu'on lui adresse, M. Pelletan dit : Qu'il a répondu à toutes en exposant ses idées; que, du reste, il veut toutes les réformes qui améliorent toute la société entière.

---

13 *mai.* — *Avenue d'Italie, salle de la Fraternité.*

On annonce l'arrivée de M. Pelletan.

M. Pelletan s'excuse de son retard. Il vient de la réunion de Javel. Il applaudi les travailleurs qui, après leur journée de fatigue, viennent se retremper dans les réunions publiques.

A la question qui lui est posée : « Une génération engage-t-elle une autre génération? » il répond : « M. Rouher a dit à la Chambre qu'un peuple avait toujours le droit de changer son gouvernement. J'ai pris acte de cette déclaration. »

---

14 *mai.* — *Avenue d'Italie.*

M. Millot attaque les députés de la gauche, reproche à M. Jules Favre d'avoir provoqué la loi sur les attroupements et repoussé les principes de Proudhon ; à Garnier-Pagès d'avoir supprimé les ateliers nationaux, à Pelletan ses discours en faveur des priviléges de la presse. Il les accuse tous d'avoir laissé au pouvoir l'initiative des lois libérales.

L'assemblée qui croit qu'il défend le pouvoir proteste vivement.

Il affirme énergiquement que son intention n'est pas de faire l'éloge du gouvernement et demande que l'on vote en faveur des candidatures ouvrières.

M. Dupin se rallie à la candidature de M. Pelletan, puisqu'il n'y a pas de candidature ouvrière ; il reproche aux députés de la gauche d'être trop riches et de représenter la bourgeoisie qu'il attaque vivement, disant qu'elle a toujours exploité les sueurs des travailleurs.

15 *mai.* — *Avenue d'Italie*, 27.

M. Passedouet, président, parle des faits regrettables qui se sont produits dans Paris, les considère comme une pression exercée sur le suffrage universel, et dit que les mesures d'ordre prises par la Préfecture de police sont infamantes pour la dignité des citoyens.

Après un silence de 10 minutes, causé par le défaut d'orateurs, M. Guinard s'élève contre le sieur P... qui s'est chargé de l'impression du nouveau programme accepté par M. Pelletan et ne l'a point encore rendu et devient introuvable.

Voix. Pa... est un voleur, un coquin!

M. Imbelle veut défendre M. Pa..., mais il est interrompu par les cris de : « C'est un voleur, un coquin » poussés par quelques assistants; il quitte la tribune en disant : « Si vous n'êtes pas content, vous aurez deux peines! »

---

16 *mai.* — *Avenue d'Italie.*

M. Delamarre, président, donne lecture de la circulaire du ministre de l'intérieur, qu'il considère comme portant atteinte à la dignité des citoyens; c'est, dit il, le commencement d'une croisade contre le droit de réunion.

Une discussion s'élève au sujet du programme confié à M. P.., sur lequel on ne peut remettre la main.

M. Tupin développe la même idée et parle des fils de bourgeois qui, en sortant du collége, déshonorent les filles et les femmes des ouvriers. (*Avertissement du commissaire de police.*) L'orateur poursuit ses attaques contre les fils des riches, avec des allusions politiques vivement applaudies de l'assistance.

La discussion recommence à propos du programme confié à M. P..., on veut le lui réclamer par huissier. L'assemblée décide que la somme destinée d'abord à payer l'impression de ce programme servira à couvrir les frais de la salle.

---

16 *mai.* — *A Saint-Maur*

M. Pelletan déclare n'être pas conservateur, car réellement c'est ce parti qui fait les révolutions, selon lui, les peuples libres n'en font pas.

L'orateur affirme qu'il n'est ni révolutionnaire, ni anarchiste; il n'y a pas à se battre... Si on voulait tirer le canon contre le suffrage universel, le canon et les fusils ne partiraient pas.

---

17 *mai.* — *A Nogent-sur-Marne.*

M. Pelletan s'étonne que son concurrent se déclare indépendant et rappelle qu'en 1863 les électeurs de la Seine ont envoyé au Corps législatif des députés élus par le peuple et non par les gardes-champêtres. Il déclare qu'il faut laisser M. Bouley à la science; puis, établissant un parallèle entre ce candidat et lui, il en profite pour esquisser l'histoire du parti conservateur « le plus révolutionnaire des partis, » selon lui, et dit « que M. Guizot était en 48 le véritable représentant du parti révolutionnaire, parce qu'il répondait par un *non possumus* aux demandes de réformes. »

Après avoir assuré qu'il s'en rapportait au suffrage universel « la voix du peuple français, » l'orateur a répondu aux diverses interpellations qui lui ont été adressées que l'opposition a pris l'initiative de la suppression des livrets d'ouvriers; qu'il est partisan de toutes les libertés absolues; qu'il blâme l'occupation française à Rome, ou l'on a essayé les chassepots d'une façon peu heureuse; qu'il n'est pas catholique et que, le fût-il, il demanderait l'abandon du pouvoir temporel.

M. Pelletan termine en rappelant les cris de *Vive Brutus*! proférés après l'assassinat de César, et conclut ainsi : Au moment où on est, il s'agit d'une question de principes, et à ce point de vue on peut dire : Vive Pelletan! c'est-à-dire vive la liberté! vive les principes!

---

17 *mai.* — *A Choisy-le-Roi.*

M. Pelletan dit qu'il a accepté plusieurs candidatures, parce qu'il devait obéir aux comités qui le représentent.

MM. Bayret, adjoint au maire, et **Blondin**, pharmacien, insistent pour savoir, par oui ou non, pour quelle circonscription voterait M. Pelletan, s'il était nommé à Paris ou à Arles.

M. Pelletan répond que cette question est de mauvaise guerre.

CONCLUSION

I

L'impression qui résulte de l'étude des réunions électorales de Paris serait incomplète, si l'on n'examinait le cadre extérieur où ces réunions, savamment combinées et organisées par des comités investis d'un pouvoir absolu, avaient pris une place déterminée d'avance.

Le 30 avril, paraissait à Bruxelles une brochure intitulée *la Crise électorale de* 1869. L'auteur de cette brochure est M. Rogeard, homme de lettres français, condamné par contumace à raison des offenses contre l'Empereur renfermées dans un pamphlet bien connu, *les Propos de Labienus.*

La nouvelle publication de M. Rogeard contenait, entre autres objurgations furieuses, les passages suivants :

Page 11. — « Pas de vaines paroles, l'action! Pas de tournoi, la bataille. Electeurs, éligibles, ne vous laissez pas accrocher aux engrenages, ni entraîner sous les portes basses, ni tomber dans les fausses positions ; restez, en face de l'Empire, debout, la tête haute, armés de votre pur civisme... Pas de transactions, pas de concessions, pas d'élections ! »

Page 12. — « Je crois qu'il vaut mieux protester que discuter, agir que protester et clore l'Empire qu'ouvrir la session. Je crois que la résistance révolutionnaire est plus efficace que la résistance légale et même qu'elle est urgente et, qui plus est, facile. »

Page 19. — « J'appelle résistance légale la revendication au moyen de la loi, et résistance révolutionnaire la revendication sans loi ou malgré elle. »

Page 26. — « Avant de songer à faire un député, il faut

commencer par défaire un empereur : chaque chose a son temps, et le tien, ô suffrage, n'est pas encore venu ! »

Page 65. — « Les habiles nous disent : Vous allez voir nous allons bien l'attraper. — Comment cela ? — Nous allons porter au monstre un coup terrible. — Qu'allez-vous faire ? — Nous allons lui envoyer M. Thiers, catholique et royaliste et chauvin, pour lui faire des discours. Les habiles me font toujours rire. On donne cinq francs de prime à qui tue un loup, mais il est expressément défendu de tuer un roi et même un empereur. »

Page 72. — « N'attendez pas que vos députés vous délivrent ; affranchissez-les eux-mêmes ; déliez les mains de vos défenseurs si vous voulez être bien défendus, et surtout défendez-vous vous-mêmes ; vous êtes la force, vous êtes le nombre ; quand tout le monde veut, tout le monde peut. Que cent mille Parisiens s'avisent de crier : à bas l'empire ! l'empire est à bas. »

Page 73. — « Les élections ne sont qu'une occasion, mais cette occasion est bonne, saisissez-la ! Que la vieille machine électorale détraquée devienne une machine infernale entre vos mains.

» Mettez à l'ordre du jour l'accusation, la déposition, la déchéance du despote ; que la discussion se fasse action, et l'élection révolution. De l'agitation électorale faites sortir l'agitation révolutionnaire. »

L'opuscule de M. Rogeard était, à la fois, un pamphlet et un programme : pamphlet par la virulence et la haine, programme par la netteté de ses conseils.

Pas de vote ! pas d'élections ! L'agitation révolutionnaire, l'insurrection, le renversement de l'Empire, la déchéance et la mise en accusation de l'Empereur : tel était, dans son énergique simplicité, le plan proposé par le réfugié de Bruxelles.

Par une coïncidence remarquable, ce même jour 30 avril, un des candidats favoris de la démocratie radicale, et qui, le lendemain même allait prêter serment à l'Empereur, déclarait dans une réunion particulière, mais fort nombreuse, qu'il fallait, avant tout, se débarrasser de l'Empire et « renvoyer l'homme qui s'était emparé du pouvoir. »

Dans le courant de la première semaine de mai, différents groupes du parti révolutionnaire discutèrent l'opportunité d'un appel aux armes. Un de ces groupes recommandait, comme moyen pratique, de provoquer la dissolution d'une réunion publique, d'y résister ensuite et de faire naître de cette résistance une collision immédiate. Les plus ardents s'attachaient à démontrer l'urgence d'une détermination vigoureuse pour amener la chute du gouvernement, et proposaient de confisquer ensuite les biens de ceux qui avaient servi l'Empire, pour les distribuer aux ouvriers de Paris.

Les approches de la lutte électorale permettaient aux journaux de la démocratie radicale de faire entendre des menaces à double sens. « L'heure de l'action et du combat est proche, Paris se réveille, demain il agira ! Paris à la fièvre : le souffle des grandes journées révolutionnaires passe sur lui. » Tel était le langage qui trahissait des projets ou des espérances de bouleversement.

Le 7 mai, un de ces journaux présentait au public, avec un grand fracas de mise en scène, la figure oubliée d'Armand Barbès, condamné par les hommes de Juillet pour attentat à main armée contre la monarchie de 1830 ; condamné par les hommes de Février pour attentat contre l'assemblée nationale ; spontanément délivré par l'Empereur Napoléon III.

Le 12 mai, Félix Pyat écrivait de Londres une lettre qui fut lue dans les réunions électorales, et qui, donnant un corps aux prédications régicides de M. Rogeard, offrait une récompense de 50,000 francs à qui tuerait l'Empereur (1)

Le soir de ce même jour, la réunion publique du Châtelet fournissait un prétexte et une occasion aux premières tentatives de désordre.

Le lendemain, 13 mai, dans la soirée, les désordres s'accentuaient à la suite de la réunion du Cirque Napoléon et de la réunion de la Sorbonne. La *Gazette des Tribunaux* en rendit compte dans les termes suivants :

Comme on pouvait s'y attendre, la soirée de jeudi a été l'écho ou plutôt le développement de celle de la veille.

Plusieurs réunions électorales, onze, dit-on, devaient être tenues en différents quartiers, et partout l'affluence était extrê-

(1) Voir page 15.

me et les salles insuffisantes pour recevoir la foule qui se pressait aux portes.

Deux endroits surtout ont été le théâtre d'incidents regrettables et de désordres graves, le boulevard des Filles-du-Calvaire, où se trouve le Cirque Napoléon, et le quartier Latin, où les électeurs de la septième circonscription se réunissaient au petit gymnase de la Sorbonne, pour soutenir la candidature de M. H. Rochefort.

Aux abords de ce dernier local, où huit cents personnes à peine purent trouver place, se pressaient trois mille personnes composées en partie d'ouvriers, mais surtout d'étudiants qu'animait déjà le souvenir des troubles qui avaient eu lieu, dans la journée, à l'Ecole de médecine.

L'affluence augmentait si rapidement que, vers huit heures et demie, dix mille individus peut-être encombraient la place de la Sorbonne et le boulevard Saint-Michel, et, aux cris d'abord assez calmes de : *Vive Rochefort! vive la Lanterne!* succédèrent de violentes clameurs, où dominèrent bientôt la *Marseillaise* et le *Chant du Départ*, suivis, à la fin de chaque couplet, du cri : *Vive la République!*

A ce moment les agents de la force publique firent opérer l'évacuation de la rue de la Sorbonne, ce qui eut lieu en moins de quelques minutes avec un ensemble parfait.

Toutefois, la foule repoussée ne se calmait point, et il fallait que les sergents de ville déployassent toute leur activité et toute leur énergie pour contenir cette masse de douze mille individus, étudiants, ouvriers, enfants de quinze à dix-huit ans qui, vers neuf heures et demie, étaient resserrés entre le boulevard Saint-Germain et les grilles du Luxembourg.

En même temps que ces vociférations étaient poussées de toutes parts, des violences étaient exercées sur ceux des sergents de ville qui se trouvaient isolés au milieu des groupes qu'ils cherchaient à disperser.

Un peu plus tard, un mouvement s'opère dans la foule, répondant toujours par ses cris de : *Vive la République!* aux cris de : *Vive Rochefort! vive la Lanterne!* lancés par les fenêtres des cafés qu'ont envahis les étudiants ; la plupart des magasins et des boutiques se ferment précipitamment; une partie de la foule se répand, criant et chantant, sur le boulevard Saint-Germain jusqu'à la place Saint-Michel, tandis que des hommes en blouse s'accumulent devant les cafés en laissant voir par leurs paroles et leur attitude qu'ils ne sont pas disposés à laisser arrêter leurs amis. Des colonnes se forment pour se répandre de l'autre côté de l'eau ; mais elles sont rompues et dispersées tant au Pont-Neuf que dans les rues avoisinantes.

Sur plusieurs points, des voitures bourgeoises sont arrêtées aux cris de : *A bas les aristos !* Une de ces voitures a été atteinte par une pierre qui a brisé la glace de la portière. Vers minuit, grâce aux mesures énergiques prises par l'autorité, l'agitation a cessé peu à peu et le calme s'est complétement rétabli.

Les mêmes scènes de désordres se sont produites avec plus de violence encore aux abords du Cirque Napoléon, boulevard des Filles-du-Calvaire, où se tenait une réunion pour la candidature de M. Raspail.

M. Dejean, propriétaire de la salle, qui connaissait tous les dégâts commis la veille dans la salle du Châtelet, avait exigé comme garantie une somme de 15,000 francs, et les pourparlers engagés sur cette demande avaient retardé l'ouverture des portes. Cette circonstance était venue surexciter encore l'animation de la foule qui se pressait pour entrer.

Lorsque la salle fut pleine, l'affluence de ceux qui n'avaient pas pu être admis était énorme ; elle se grossissait à chaque moment, et bientôt on put évaluer le nombre de ceux qui se massaient sur le boulevard à plus de vingt mille. Dans cette foule retentissait le chant de la *Marseillaise*, les cris de : *Vive Raspail ! vive la République !* et chaque fois que de l'intérieur de la salle retentissaient au dehors les applaudissements donnés aux orateurs, la foule y répondait par des hourras frénétiques.

Comme dans le quartier Saint-Michel, les boutiques et les magasins étaient fermés et des pierres étaient lancées contre les fenêtres des maisons.

Les agents faisaient de vains efforts pour dissiper les rassemblements ; ils étaient injuriés, menacés et violemment frappés.

Un officier de paix a été blessé ; M. Brun, inspecteur divisionnaire, a reçu sur la tête un coup de canne plombée asséné par un employé de commerce qu'il invitait à circuler. Cet individu a été aussitôt arrêté.

M. Vassal, autre inspecteur divisionnaire, a été grièvement blessé d'un coup de casse-tête.

A dix heures et demie, la séance ayant été dissoute, la salle a été évacuée. La sortie s'est opérée sans trop de désordre. Mais les rassemblements ont continué sur le boulevard en poussant des cris séditieux, et de nouvelles luttes se sont engagées avec les agents de l'autorité. Ceux-ci cependant, à force d'énergie, étaient parvenus à imposer à la foule qui déjà tendait à diminuer, lorque l'apparition d'un détachement de gardes de Paris, qui venaient de la caserne des Célestins, et qui s'avançaient, tenant leurs chevaux au pas, suffit pour déterminer un mouvement général de retraite, et les groupes se dispersèrent rapidement dans les rues voisines. A minuit, sur ce point comme dans le quartier Saint-Michel, le calme était rétabli.

Un grand nombre de réunions politiques (dix-sept, nous dit-on), sont indiquées pour ce soir sur divers points de la capitale. On annonce que des mesures sont prises pour empêcher le retour de désordres pareils à ceux qui viennent de se produire. (*Gazette des Tribunaux*, du 15 mai.)

Cependant d'autres actes de turbulence et des cris séditieux marquèrent encore la soirée du vendredi 14. Des agents de police furent attaqués à coups de pierres par des bandes de quatre à cinq cents hommes, qui, partant de la rue Saint-Martin comme d'un quartier général, parcoururent la région comprise entre cette rue, la rue de Rivoli et la Bastille. Refoulées partout où elles se présentaient, elles se reconstituaient bientôt, et ne furent définitivement dispersées que vers minuit.

A cette heure, les derniers restes de ces bandes, composés de deux cents individus, renversèrent en partie la grille qui entoure le jardin de la place Royale. Un omnibus, puis une voiture cellulaire, étaient successivement attaqués rue du Temple. Enfin, rue Montorgueil, un détachement de la garde de Paris, qui revenait du théâtre du Gymnase, se vit assailli à coups de pierres. Mais, au commandement du sous-officier de mettre les baïonnettes au bout du fusil, les assaillants s'enfuirent. Ce fut le dernier incident de la soirée du 14 et aussi des tentatives d'émeute.

Devant l'attitude résolue du gouvernement et de la force armée, les factieux s'arrêtèrent.

Le préfet de police avait successivement rendu les deux ordonnances suivantes :

Nous, préfet de police,

Vu l'information faite sur les désordres qui ont eu lieu, le 12 mai, aux abords de la réunion électorale du théâtre du Châtelet, et, le 13 mai, aux abords des réunions électorales du théâtre du Cirque Napoléon et de la salle du gymnase de la Sorbonne;

Vu les articles 3, § 2, titre XI de la loi des 16-24 août 1790, 10 de l'arrêté des consuls du 12 messidor an VIII, et les art. 1er et suivants de la loi des 7-9 juin 1848,

Ordonnons ce qui suit :

Art. 1er. Tout stationnement sur la voie publique, aux abords d'une réunion électorale ou d'une réunion publique, est interdit après l'entrée terminée.

Art. 2. Les mesures nécessaires pour assurer la libre circulation seront prises par les agents de la force publique.

Art. 3. Dans le cas où, malgré les invitation des officiers de police, on continuerait à stationner aux abords desdites réunions, il sera procédé conformément à la loi des 7-9 juin 1848 sur les attroupements.

Art. 4. La présente ordonnance sera imprimée et affichée à Paris.

Sont chargés d'en assurer l'exécution, chacun en ce qui le concerne, le commissaire chef de la police municipale, et les commissaires de police.

Le colonel de la garde de Paris est requis de prêter main-forte au besoin.

Paris, le 14 mai 1869.

Le préfet de police,

J.-M. PIÉTRI.

Paris, 15 mai 1869.

Des désordres se sont produits sur divers points de Paris, aux abords des lieux de réunions électorales. Plusieurs sergents de ville ont été assaillis à coups de pierres et blessés ; ils ont repoussé avec énergie ces déplorables agressions.

Une ordonnance, sous date d'hier, a prescrit les mesures nécessaires pour assurer la libre circulation sur la voie publique.

De nouveaux désordres ne sauraient être tolérés. Si cela est nécessaire, la loi sur les attroupements doit être appliquée.

Le préfet de police invite les bons citoyens à ne pas se mêler aux perturbateurs; ils rendront ainsi plus facile le maintien de la paix publique et ne seront pas exposés à subir les conséquences des mesures qui devront être prises.

Le préfet de police,

J.-M. PIÉTRI.

De son côté, M. le ministre de l'Intérieur avait adressé aux préfets des instructions que motivaient les incidents dont Paris était le théâtre, et qui s'étaient reproduits dans quelques autres villes. Ces instructions étaient contenues dans une circulaire dont voici le texte :

Paris, le 14 mai 1869.

Monsieur le préfet, la loi du 6 juin 1868 a fixé la durée de la période pendant laquelle pourraient être tenues les réunions publiques électorales; l'art. 8 dispose que ces réunions doivent cesser cinq jours avant celui fixé pour l'ouverture du scrutin. Dans mes instructions du 30 avril dernier, je vous ai rappelé que, par application des dispositions qui précèdent, les réunions publiques électorales ne pourraient avoir lieu que jusqu'au lundi 17 mai inclusivement.

J'ai lieu de penser que, dans plusieurs départements, on se propose d'organiser, pendant les cinq jours qui précéderont l'ouverture du scrutin, des réunions publiques dont l'objet se rattacherait, en apparence, à des questions industrielles ou commerciales, scientifiques ou littéraires, mais qui seraient, en réalité, de véritables réunions électorales, ayant pour objet de continuer la lutte sous une forme nouvelle et d'éluder les dispositions prévoyantes de la loi.

Déjà cette intention est hautement manifestée dans quelques grandes villes, et des propositions ont été faites à ce sujet dans plusieurs réunions publiques, notamment à Paris (1). Il me paraît nécessaire, pour assurer à la fois le maintien de la tranquillité publique et le respect de la loi, d'appeler votre attention sur les mesures que vous avez le droit de prendre dans de semblables circonstances.

L'article 13 de la loi du 6 juin 1868 confère au préfet de police à Paris, et aux préfets dans les départements, le droit d'ajourner toute réunion qui leur paraît de nature à troubler l'ordre ou à compromettre la sécurité publique.

Vous apprécierez si les circonstances particulières à votre département nécessitent le recours à cet ajournement; mais vous ne perdrez pas de vue que, dans la situation actuelle, cette mesure se justifie par les motifs les plus plausibles.

Elle a principalement pour but d'assurer le respect de la loi sur les réunions électorales; elle n'apporte aucun obstacle sérieux aux réunions qui réellement ont un autre objet, puisque

(1) Voir pages 17 et 30.

la réunion ajournée pourra avoir lieu quelques jours après avec une entière liberté.

Dans le cas où vous seriez amené à prononcer l'ajournement des réunions publiques dans votre département, il conviendrait que cet ajournement fût étendu aux jours pendant lesquels le vote s'effectuera et que les réunions fussent reportées après le 25 mai.

Recevez, monsieur le préfet, l'assurance de ma considération très-distinguée.

Le ministre de l'intérieur,

DE FORCADE.

La conviction d'une prise d'armes était si générale dans les rangs de la démagogie, que les détenus de Sainte-Pélagie s'insurgèrent dans la soirée du samedi 15, se répandant en menaces de mort contre l'Empereur et l'Impératrice, criant : *Vive la guillotine!* et annonçant que dans trois jours, ils seraient installés à l'Hôtel de Ville, où le préfet de police viendrait leur demander grâce.

Comme si les regrettables désordres du 12 au 14 mai eussent été prévus à heure fixe, les réfugiés de Bruxelles étaient accourus à la frontière française et attendaient avec anxiété le train qui devait leur apporter la nouvelle d'une révolution victorieuse. Les 12 et 13 mai étaient un anniversaire pour Barbès, qui, le 12 mai 1839, attaqua le poste du Palais-de-Justice, et de sa main brûla la cervelle au lieutenant Drouineau. Et Barbès s'apprêtait à revenir à Paris, pour y célébrer le triomphe de la république démocratique et sociale.

Deux jours après la déplorable scène de Sainte-Pélagie la période des réunions électorales était close et l'ordre matériel ne fut plus un seul instant troublé à Paris.

II

Des réunions électorales, tenues dans de pareilles conditions, est sortie l'élection des 23 et 24 mai, qui a donné la victoire, dans le département de la Seine, aux candidats de l'opposition qui s'est qualifiée elle-même *d'irréconciliable* ; à celle qui ne veut pas de la liberté avec l'Empire, qui ne veut la liberté qu'avec la République, et qui, s'il fallait faire un choix, préférerait la République à la liberté.

Que pouvaient, dans cette mêlée, les opinions mal définies, les attitudes équivoques, les situations intermédiaires ? Quelles étaient les chances d'un tiers parti, d'une union libérale et de toute autre combinaison flottante, au milieu de cette tempête démagogique déchaînée par six mois d'excitations passionnées dans les clubs ?

A Paris, comme dans le reste de la France, l'Union libérale, appellation vague et élastique qui permettait à M. Jules Favre et à M. Thiers d'essayer l'alliance de la démocratie modérée avec la monarchie parlementaire, des républicains de Février avec les orléanistes, l'Union libérale, dis-je, a été balayée comme un fétu de paille ; ses chefs reconnus, MM. Jules Favre, Thiers, Hénon, Glais-Bizoin, Marie, Carnot, Garnier-Pagès n'ont pu trouver un siége dans aucune des deux cent quatre-vingt-douze circonscriptions électorales.

Pas un légitimiste, pas un orléaniste n'a réussi au premier tour de scrutin : M. de Larcy, M. de Gaillard, M. de Falloux, M. de Barthélemy, M. Casimir Périer, M. le prince de Broglie, M. le comte Daru, M. Prévost-Paradol, M. Léon Say, M. Gustave-Réal, M. le duc Decazes, M. Baze, M. Bocher, M. de Rémusat, M. Lacavé-Laplagne, M. de

Lasteyrie, ont succombé, la plupart sans résistance, et n'ayant réuni qu'un nombre imperceptible de suffrages.

Le *Journal des Débats*, qui avait attaqué, avec un acharnement si inconscient, les conclusions de mon travail sur les réunions publiques, mesure aujourd'hui, avec une tristesse facile à concevoir, toute l'étendue de ses mécomptes ; deux de ses rédacteurs se présentaient au scrutin : l'un, M. Prévost-Paradol, a réuni 1,900 voix à Nantes, l'autre, M. Léon Say, 2,500 voix à Pontoise : 4,500 voix sur 75,000 électeurs.

Quelle est, en résumé, la signification suprême des élections des 23 et 24 mai 1869 ?

C'est qu'il n'y a plus que deux partis en France : l'Ordre et la Révolution. Les intérêts conservateurs, avertis par un pressentiment salutaire, ne se sont pas laissé diviser en présence des instincts destructeurs. Les déclarations du radicalisme exclusif ont enlevé à ces opinions indécises qu'on appelle *tiers parti* tout avenir et toute raison d'existence distincte en dehors du grand parti conservateur, qui seul peut maintenir debout le drapeau du vrai libéralisme.

L'Empire ou la République, le trône ou les barricades, il n'y a plus de milieu ; ce sont les Irréconciliables qui l'ont dit. Le pays, qui les a compris, leur a répondu en envoyant au Corps législatif une immense majorité d'hommes intelligents et énergiques, en leur donnant le mandat de défendre, avec l'Empire, les droits, la dignité, l'honneur et la liberté de la société française, de nouveau menacés par les folles et coupables entreprises du socialisme révolutionnaire.

FIN.

Paris, imp. Dubuisson et Ce, rue Coq-Héron, 5.

www.ingramcontent.com/pod-product-compliance
Ingram Content Group UK Ltd.
Pitfield, Milton Keynes, MK11 3LW, UK
UKHW012223240726
13966UKWH00003B/921